双高建设背景下高校劳动教育课程体系创新研究

何 涛 ◎ 著

吉林出版集团股份有限公司

图书在版编目（CIP）数据

双高建设背景下高校劳动教育课程体系创新研究/何涛著.—长春：吉林出版集团股份有限公司，2023.9
　ISBN 978-7-5731-4300-6

Ⅰ.①双… Ⅱ.①何… Ⅲ.①劳动教育－教学研究－高等学校 Ⅳ.①G40-015

中国国家版本馆CIP数据核字（2023）第182065号

双高建设背景下高校劳动教育课程体系创新研究
SHUANGGAO JIANSHE BEIJINGXIA GAOXIAO LAODONG JIAOYU KECHENG TIXI CHUANGXIN YANJIU

著　　者	何　涛
责任编辑	滕　林
封面设计	林　吉
开　　本	787mm×1092mm　　1/16
字　　数	220千
印　　张	14
版　　次	2023年9月第1版
印　　次	2024年1月第1次印刷
出版发行	吉林出版集团股份有限公司
电　　话	总编办：010-63109269
	发行部：010-63109269
印　　刷	廊坊市广阳区九洲印刷厂

ISBN 978-7-5731-4300-6　　　　　　　　　　　　定价：78.00元

版权所有　侵权必究

前　言

随着社会的快速发展和知识经济的崛起，高等教育在培养人才、推动社会进步中的作用越发凸显。作为高等教育的核心组成部分，高校不仅承载着传授学科知识的重任，更肩负着培养学生综合素质和社会责任感的使命。而在这一使命中，劳动教育作为塑造学生品德、增强实践能力的重要环节，正日益受到高校的关注与重视。

当前，我国正处于全面建设社会主义现代化国家的关键时期，"双创"教育、创新驱动等战略也在推动经济结构的转型升级。为了更好地适应国家发展的需要，高校劳动教育课程体系的创新势在必行。特别是"双高"政策的实施，即高等教育的大众化和普及化，使得高校面临更多元化的学生群体，对劳动教育课程体系提出了更高的要求。如何在适应时代需求的同时，确保高校劳动教育的深度与广度，成了亟待研究的课题。

因此，本书旨在探讨在"双高"建设背景下高校劳动教育课程体系的创新，旨在深入分析当前高校劳动教育存在的问题与挑战，提出相应的改革与发展策略。通过对比国内外劳动教育的先进经验，结合实际情况，本研究将着重思考如何构建更具有针对性、实践性和创新性的高校劳动教育课程体系，以培养更符合时代要求的复合型人才。

在全球化和信息化的背景下，本书研究的成果有望为高校劳动教育的改革提供新的思路与方法，为培养适应现代社会发展的高素质人才做出积极贡献。同时，本书也将从学科交叉的角度出发，为教育研究方法论的拓展与完善提供一定的借鉴。通过对高校劳动教育课程体系创新的探讨，本书力图在教育领域引发有益的思考，为教育体系的优化升级贡献一份微薄之力。

何　涛

2023 年 2 月

目 录

第一章 序 言 ·· 1
　第一节 研究背景与动机 ·· 1
　第二节 研究范围与方法 ·· 6

第二章 高校劳动教育理论 ·· 13
　第一节 高校劳动教育的困境 ·· 13
　第二节 高校劳动教育的课程化 ·· 18
　第三节 高校劳动教育的着力点 ·· 27
　第四节 高校劳动教育的实践路径 ··· 33
　第五节 高校劳动教育的可持续发展作用 ··································· 38

第三章 高校劳动教育模式研究 ·· 44
　第一节 以学生为中心的高校劳动教育模式 ······························· 44
　第二节 高校劳动教育与思政教育模式 ······································ 48
　第三节 高校"3+X"劳动教育模式 ··· 52
　第四节 高校创新创业教育与劳动教育融合模式 ························ 57
　第五节 "三全育人"视域下劳动教育模式 ································ 64

第四章 "双高"政策与劳动教育 ··· 70
　第一节 "双高"政策的内涵与特点 ·· 70
　第二节 高校劳动教育的地位与挑战 ··· 77

第五章 劳动教育课程体系分析 ·· 87
　第一节 劳动教育课程体系的构成 ··· 87
　第二节 劳动教育课程目标的设定 ··· 97
　第三节 课程内容与教材建设 ·· 104

第六章　劳动教育实施策略 … 113
第一节　教学方法与模式创新 … 113
第二节　教师队伍建设与培训 … 122
第三节　课程质量保障体系建设 … 126

第七章　成效评估与持续改进 … 132
第一节　教育成果评价体系构建 … 132
第二节　定性与定量评估方法应用 … 136
第三节　持续改进策略与机制建立 … 140

第八章　政策建议与实施路径 … 147
第一节　政府政策支持与制度创新 … 147
第二节　高校内部机制与资源配置优化 … 151
第三节　产学研深度融合的合作模式 … 156
第四节　教育评价体系的建立与完善 … 159

第九章　劳动教育的理论与实践创新 … 164
第一节　劳动教育理论体系的构建 … 164
第二节　实践案例与经验总结 … 167
第三节　创新教育技术在劳动教育中的应用 … 172

第十章　未来劳动教育的路径选择与策略 … 178
第一节　制定跨学科人才培养标准 … 178
第二节　推动产学研深度融合 … 182
第三节　发展综合素质评价体系 … 186
第四节　适应未来职业发展需求 … 190

第十一章　未来发展与前景展望 … 196
第一节　劳动教育与人才培养创新 … 196
第二节　"双高"政策的持续演进与劳动教育 … 201
第三节　人才培养体系的国际比较与借鉴 … 205
第四节　未来劳动教育的发展趋势与方向 … 209

参考文献 … 217

第一章 序 言

第一节 研究背景与动机

一、"双高"政策的提出与背景

改革开放以来，中国的社会发展取得了巨大的成就，经济、科技、教育等领域都取得了显著的进步。在这一过程中，教育被视为国家发展的基石，教育改革也成为推动社会进步的重要一环。"双高"政策作为教育改革的一部分，在背景的推动下应运而生，对中国教育体系的发展产生了深远影响。

（一）改革开放背景

"双高"政策的提出与改革开放背景密切相关。1978年，中国启动了改革开放的进程，逐步摒弃了封闭的计划经济体制，转向市场经济。这一时期，中国经济的快速增长引发了人才需求的增加。随着对外开放的推进，中国迫切需要高水平科技人才和高素质管理人才来适应国家经济结构的调整和转型升级。在这个背景下，"双高"政策应运而生，旨在培养具有高科技和高素质的人才，为国家的现代化建设提供有力支持。

（二）高等教育发展

改革开放初期，中国的高等教育也经历了深刻的变革。此前，中国的高等教育体系主要建立在苏联式的教育模式之上，缺乏灵活性和创新性。随着市场经济的崛起，高等教育也面临着转型的压力。"双高"政策的提出，正是为了培养适应市场需求的高水平人才，使高等教育更加贴近实际需要，促进科技与产业的结合。

（三）科技发展与创新驱动

"双高"政策的背后，还有中国对科技发展和创新能力的迫切渴求。改革开放后，中国在科技领域取得了显著进步，但与发达国家相比，仍存在差距。为了弥补这一差距，中国需要大量高水平的科研人才，推动科技创新的发展。"双高"政策的目标之一就是培养出优秀的科研人才，提升中国在国际科技竞争中的地位。

（四）人才竞争与国际化视野

随着全球化的深入发展，国际人才流动和竞争也变得越发激烈。中国不仅需要本土的高水平人才，还需要具有国际化视野和竞争力的人才。"双高"政策的提出，为中国的高等教育注入了国际化元素，鼓励学生在全球范围内寻求更广阔的发展机会，提高中国人才在国际市场上的竞争力。

（五）教育公平与社会发展

尽管改革开放带来了快速的经济增长，但在社会发展中仍存在一些不平等现象。教育机会的不均衡是其中之一。"双高"政策的推出，旨在改变传统的以考试成绩为唯一标准的选拔模式，更加关注学生的全面发展和潜能。这有助于提升教育的公平性，让更多优秀的学生有机会获得高水平教育，为社会的可持续发展奠定基础。

（六）政策内容与影响

"双高"政策的核心内容包括"双一流"建设和"高水平大学和一流学科"建设。在"双一流"建设中，中国确定了一批高水平大学和一流学科进行重点支持，投入大量资源进行建设，提高其在国际上的声誉和影响力。同时，政府还通过加大资金投入、改革管理体制等方式，推动高水平大学和一流学科的发展，培养更多的优秀人才。

（七）面临的挑战与未来展望

尽管"双高"政策在推动中国高等教育发展方面取得了积极成果，但也面临着一些挑战。例如，一些学校和学科之间的发展不平衡问题，高校之间的竞争加剧，以及人才培养质量和就业市场需求之间的紧张关系等。未来，中国需要继续优化政策细节，加强高校之间的合作，提升人才培养的质量和实效，使"双高"政策更好地适应国家的发展需要。

"双高"政策的提出与背景密切相关，是改革开放进程中教育改革的重要组成部分。在经济快速发展、科技进步和创新驱动的推动下，"双高"政策旨在培养高水平科技人才和高素质管理人才，以满足国家现代化建设和经济转型的需求。这一政策的实施，不仅对中国高等教育体系的改革产生了深远的影响，还为国家的创新能力和国际竞争力的提升做出了重要贡献。

然而，"双高"政策也面临着一些挑战。首先，高等教育领域的发展不平衡问题仍然存在。一些学校和学科得到了更多的资源和支持，而其他学校和学科则相对滞后。这导致了高校之间的竞争加剧、资源分配不均等问题。其次，人才培养质量和市场需求之间的矛盾也需要解决。虽然高水平的科技人才和管理人才培养有助于国家的创新和发展，但如何确保他们在就业市场上有合适的岗位和发展空间也是一个挑战。

未来，中国需要继续优化"双高"政策的实施细节，以应对这些挑战并实现更好的发展。首先，高校之间应加强合作，避免过度竞争，共同促进整体水平的提升。其次，政府可以进一步加大对高等教育的资金投入，以支持优质教育资源的均衡分配。同时，要注重培养学生的创新能力、实践能力和综合素质，使其能够适应未来的社会和工作环境。另外，加强高校与产业界的合作，将教育与实际应用更紧密地结合起来，有助于培养更具有实际操作能力的人才。

总之，"双高"政策的提出与背景紧密相关，是中国高等教育改革的重要举措之一。在改革开放和现代化建设的推动下，这一政策的实施为培养高水平人才、推动科技创新和促进国际竞争力的提升做出了重要贡献。然而，也需要持续努力，克服挑战，不断优化政策，以实现中国高等教育的可持续发展和进一步提升国家的综合实力。

二、高校劳动教育的现状及问题

高等教育在塑造国家未来的发展方向和培养人才方面具有不可替代的作用。然而，随着社会环境的不断变化和经济结构的深刻调整，高校教育也面临着新的挑战和机遇。在这一背景下，高校劳动教育作为培养学生综合素质和实践能力的重要途径，不仅需要更加注重，还需要应对一系列的现状和问题。

（一）现状分析

1. 劳动教育地位逐渐上升

近年来，随着社会对综合素质和实际操作能力的需求增加，高校劳动教育的地位逐渐上升。越来越多的高校开始意识到劳动教育对学生全面发展的重要性，开始积极探索创新劳动教育的方式和内容。

2. 实践机会有所增加

一些高校逐渐增加了学生的劳动实践机会，建设了各类实验基地、实践工作坊等，为学生提供更多的实际操作和实践经验，以培养他们的动手能力和实际应用能力。

3. 理论与实践结合的尝试

部分高校开始尝试将理论与实践相结合，通过开设劳动实践课程、社会实践项目等方式，让学生在实践中学习和应用所学知识，增强他们的实际操作能力和问题解决能力。

4. 部分问题仍需关注

尽管高校劳动教育取得了一些进展，但仍然存在一些问题。比如，一些学校的劳动教育内容过于单一，主要侧重于技能培训，忽视了学生综合素质和创新能力的培养；一些学校对劳动教育的重视程度不高，仍存在形式主义的问题。

（二）问题分析

1. 教育观念不足

在一些高校，仍存在着"金饭碗"观念的影响，认为只有传统的文化课程才能培养出优秀人才，而忽视了劳动教育在培养学生实际能力和职业素养方面的作用。

2. 实践机会不平衡

尽管一些高校加强了实践机会的提供，但在整个高校系统内，实践机会仍然存在不平衡的情况。一些学校或专业仍缺乏足够的实际操作机会，导致部分学生无法接触到劳动教育。

3. 教育内容和方法需创新

劳动教育应当更加注重培养学生的创新能力、团队协作能力等，而不仅仅是简单的技能培训。但目前一些高校的劳动教育仍然停留在传统的技能培训阶段，缺乏创新和多样性。

4. 教师队伍和评价机制问题

高校劳动教育需要有素质高、实践经验丰富的教师队伍，但目前一些高校的劳动教育师资力量较弱。此外，评价机制也需要完善，以鼓励学生在劳动教育中积极参与和成长。

（三）解决途径与展望

1. 教育理念转变

高校需要逐步转变传统教育观念，认识到劳动教育在培养学生综合素质、实际操作能力和职业素养方面的不可或缺性。教育目标应更加注重全面发展。

2. 实践机会平衡

高校可以建立更加有效的实践机会分配机制，确保每个学生都能有平等的机会接触到劳动教育。同时，与社会、企业合作，提供更多实践平台。

3. 教育内容和方法创新

劳动教育内容应更加多样化，将传统技能培训与创新能力、问题解决能力的培养相结合。教学方法也应更加注重互动、实践和案例分析。

4. 教师培训与评价机制改进

高校应加强劳动教育师资队伍的培养，鼓励教师参与实际劳动实践，以提升他们的实践经验和教学水平。评价机制应更加综合，考虑学生在实际操作中的表现。

高校劳动教育是培养学生实际操作能力、职业素养和综合素质的重要途径，但也面临着一系列的现状和问题。在教育理念、实践机会、教育内容和方法、教师队伍以及评价机制等方面，都需要进行深入思考和积极探索，以实现高校劳动教育的全面提升。

随着社会的快速发展和高等教育的不断改革，高校劳动教育必须与时俱进，适应社会需求和学生发展的要求。只有通过不断的创新和改进，才能使劳动教育更好地发挥作用，为培养具有创新能力、实际操作能力和职业素养的优秀人才提供坚实的基础。

因此，高校可以通过教育理念的转变，更加注重培养学生的实际能力和职业素养，将劳动教育与学术教育有机结合。同时，建立平衡的实践机会分配机制，确保每位学生都有充足的机会参与实际操作。教育内容和方法应更加多样化，强调实际应用和创新能力的培养，而不仅仅是传授基本技能。高校还应该投资于教师培训，提高教师的实践经验和教学水平，为学生提供更好的劳动教育服务。最后，建立全面的评价机制，将学生在劳动教育中的表现纳入评价体系，鼓励他们在实践中积极参与和成长。

总之，高校劳动教育在当前的教育改革和社会变革背景下，既面临着机遇，也面临着挑战。通过改变教育观念、提供更多实践机会、创新教育内容和方法、加强师资培训以及完善评价机制，高校可以更好地发挥劳动教育的作用，培养出更加适应社会需求的优秀人才，为国家的发展和社会的进步做出积极贡献。

第二节 研究范围与方法

一、双高背景下的高校选择与定位

"双高"政策，即高水平大学、高水平学科的政策，是中国高等教育体系的一项重要举措，旨在提升高校的教育质量和国际竞争力。在这一政策的引领下，各高校需要进行明晰的定位与选择，以适应时代发展的需求。本节将探讨双高背景下高校的选择与定位问题，深入探究高校在政策引导下如何明确自身的发展方向和目标。

（一）"双高"政策政策的背景与意义

1. 政策背景

"双高"政策的提出是为了推动中国高等教育的改革与发展，培养更多高水平人才，提升学科研究水平，增强高校的国际影响力。这一政策从高校和学科两个维度出发，要求高校在整体水平和重点学科上取得显著突破，为国家的创新和发展提供更强有力的支撑。

2. 意义与目标

"双高"政策的实施有助于优化高校布局，促进资源的合理配置，提升高校整体实力和国际竞争力。通过提升学科水平，培养更多的高水平人才，推动科技创新和社会进步。此外，"双高"政策也有助于促进高校内部的改革和创新，加强高校的内部管理和教育质量。

（二）高校选择与定位的重要性

1. 确定自身定位

在"双高"政策的引领下，高校需要明确自身的定位，即选择在哪些领域取得高水平成就，以及如何在重点学科上提升国际影响力。明确定位有助于高校集中资源、发挥优势，形成特色和竞争力。

2. 适应社会需求

高校的选择与定位应紧密结合国家和社会的发展需求。不同地区、不同类型的高校应根据地方特色和社会需求，选择适合自身的发展方向，为地方经济和社会发展提供更好的支撑。

3. 资源合理配置

高校选择与定位有助于资源的合理配置。通过明确定位，高校可以更有针对性地投入资源，推动优势学科的快速发展，同时避免资源的浪费和分散。

4. 提升国际竞争力

高校选择与定位对于提升国际竞争力至关重要。在全球化的背景下，高校需要通过选择明确的定位，在国际学术界中建立起更加突出的影响力和声誉。

（三）高校选择与定位的考虑因素

1. 学科特色与优势

高校可以根据自身的学科特色和优势，选择在哪些领域深入发展，取得高水平成就。优势学科的发展可以带动整个高校的提升。

2. 地域发展需求

地方经济和社会的发展需求是高校选择与定位的重要因素之一。高校应该根据地方的产业结构和发展需求，选择与之相契合的发展方向。

3. 国家政策导向

"双高"政策等国家政策的导向也是高校选择与定位的重要因素。高校需要结合国家政策，明确自身的发展目标和方向。

4. 国际合作与交流

高校可以通过国际合作和交流，了解国际学术界的发展趋势和热点，选择与之相适应的领域进行深入研究。

（四）高校选择与定位的实施策略

1. 特色定位

高校可以根据自身的特色和优势，选择与之相关的发展领域。通过建立特色学科和研究方向，形成自己的品牌和影响力。

2. 优化资源配置

高校应当优化资源配置，将更多的资源投入到选择的发展领域，加大对重点学科和项目的支持力度。

3. 加强人才引进和培养

高校可以通过引进高水平人才，培养优秀学生，提升研究和教学水平。优秀人才的引进有助于提升高校的学术影响力。

4. 加强国际合作

高校应加强国际合作与交流，了解国际前沿动态，吸引国际优秀学者，提升国际影响力。

二、研究方法的设计与选择

研究方法是研究过程中的核心环节，它决定了研究的有效性、可靠性和可解释性。在面对不同的研究问题和对象时，研究者需要仔细设计和选择适合的研究方法。本节将探讨研究方法的设计与选择，深入分析不同类型的研究方法及其适用情况，为研究者提供指导。

（一）研究方法的分类

1. 定性研究方法

定性研究方法强调对研究对象的深入理解和解释，重点关注背后的含义和现象的内涵。典型的定性研究方法包括：案例研究、内容分析、现象学研究、文本分析等。定性研究适用于探索性研究，帮助揭示复杂的现象和关系。

2. 定量研究方法

定量研究方法强调对数据的量化分析和统计推断，通过收集大量数据来验证假设或推断关系。典型的定量研究方法包括：调查研究、实验研究、统计分析等。定量研究适用于验证性研究，强调数据的客观性和普遍性。

3. 混合研究方法

混合研究方法将定性和定量研究方法相结合，以获得更全面和深入的研究结果。混合研究方法可以在研究不同方面的问题时，提供更多维度的分析，同时克服单一方法的局限性。

（二）研究方法的设计与选择

1. 研究问题的明确定义

在选择研究方法之前，研究者需要明确定义研究问题。研究问题的性质和目标将影响研究方法的选择，是选择合适方法的起点。

2. 研究设计的规划

研究方法的选择需要与研究设计相结合。研究者需要确定研究的范围、时间、样本等，以便选择适合的方法来收集和分析数据。

3. 数据类型和性质的考虑

不同类型和性质的数据适合不同的研究方法。定性数据适合深入探索和解释，而定量数据适合量化分析和统计推断。

4. 研究资源和可行性的评估

研究方法的选择还需要考虑研究资源和可行性。研究者需要评估自己的时间、预算、技术和人力等方面的限制，选择适合的方法来确保研究的顺利进行。

（三）常见研究方法及其适用情况

1. 调查研究

调查研究是收集大量数据的方法，适用于了解群体的态度、行为、看法等。通过问卷调查、访谈等方式，研究者可以获得丰富的信息。

2. 实验研究

实验研究是控制变量以验证因果关系的方法，适用于验证假设和因果关系。通过随机分组和实验操作，研究者可以揭示变量之间的影响关系。

3. 案例研究

案例研究是对个别对象或现象的深入探索，适用于解释和理解复杂的现象。通过详细分析个别案例，研究者可以揭示问题的多层次和多维度。

4. 内容分析

内容分析是对文本、图像、音频等材料进行系统分析和解释的方法，适用于分析大量文本或媒体内容。通过内容分析，研究者可以挖掘出隐藏在材料中的信息和趋势。

5. 现象学研究

现象学研究是对个体经验和感受的深入探索，适用于研究人的主观体验。通过访谈和观察，研究者可以理解人的意义构建和情感体验。

（四）研究方法的整合与创新

1. 混合研究方法的应用

混合研究方法将定性和定量方法相结合，可以在一个研究中获得多角度的信息。研究者可以先进行定性探索，然后通过定量研究验证和推广研究结论，或者反之。

2. 创新方法的尝试

在特定情况下，研究者可以尝试使用创新的研究方法。例如，社交网络分析、大数据分析、眼动追踪等方法在特定领域有着广泛的应用。

3. 跨学科方法的融合

在复杂的研究问题中，研究者可以尝试融合跨学科的方法。不同学科的方法可以互补，帮助研究者更全面地理解问题。

研究方法的设计与选择是研究的关键环节，直接影响研究的质量和可靠性。根据研究问题、数据类型和性质、研究资源等因素，研究者需要选择合适的研究方法。在实际研究中，不同的研究方法可以相互结合，以获得更全面的研究结果。此外，不断尝试和创新也有助于推动研究方法的发展，为研究者提供更多选择。最终，科学合理的研究方法选择将确保研究的有效性和可解释性，为知识的积累和社会的进步做出贡献。

三、数据收集与分析方法

数据收集与分析是研究过程中至关重要的环节，它们直接决定了研究的有效性和结论的可靠性。在进行科学研究时，合适的数据收集和分析方法能够帮助研究者从海量信息中获取有价值的见解。本节将探讨数据收集与分析方法的重要性、常见方法及其应用，以及在数据研究中的注意事项。

（一）数据收集的重要性与常见方法

1. 数据收集的重要性

数据是研究的基础，数据收集的质量和准确性直接影响到研究的结论和可靠性。合适的数据收集方法能够帮助研究者获取真实、可靠的数据，为后续的分析和推断提供支持。

2. 常见数据收集方法

问卷调查：通过设计问卷，收集被调查对象的意见、态度和看法。问卷调查可以快速收集大量数据，适用于量化研究问题。

访谈：通过面对面或电话交流，深入了解被访者的经验、观点和情感。访谈适用于探索性研究，帮助研究者理解背后的意义。

观察：直接观察研究对象的行为和情境，收集客观数据。观察适用于研究对象难以访问或不适宜直接提问的情况。

文献调研：收集已有的文献、报告、资料等信息，进行综合分析和综述。文献调研可以帮助研究者了解研究领域的前沿和现状。

（二）数据分析的方法及应用

1. 描述性统计分析

描述性统计分析是对数据的基本特征进行总结和描述，包括平均值、中位数、标准差等。这种分析方法帮助研究者了解数据的分布和趋势。

2. 探索性数据分析

探索性数据分析通过绘图和可视化方式，发现数据中的模式、异常和关系。这有助于研究者在正式开始分析之前，对数据有更深入的理解。

3. 假设检验与推论统计

假设检验和推论统计用于验证假设、推断总体参数，并判断结果的统计显著性。常见的方法包括方差分析、回归分析等。

4. 质性数据分析

质性数据分析适用于非数值数据，主要关注文字、图像、音频等信息的解释和理解。常见的方法包括主题分析、内容分析、文本挖掘等。

（三）数据收集与分析的注意事项

1. 样本选择的代表性

在数据收集中，样本的选择应该具有代表性，能够反映研究对象的整体特征。避免样本偏倚和抽样误差对研究结果的影响。

2. 数据的准确性和完整性

数据的准确性和完整性是保证研究结果可靠性的基础。在数据收集过程中，应避免错误和遗漏，确保数据的质量。

3. 方法的透明性和可重复性

研究者应该清晰地描述数据收集和分析的方法，以便其他人能够理解和重复研究。透明的方法有助于验证研究的可靠性。

4. 避免分析偏见

在数据分析过程中，研究者应当尽量避免主观偏见。选择合适的统计方法，不随意选择或操纵数据，确保分析结果的客观性。

数据收集与分析是科学研究不可或缺的环节，它们直接影响到研究的成果和结论。在选择数据收集方法时，研究者应根据研究问题的性质和研究对象的特点，合理选择合适的方法。在数据分析过程中，研究者需要运用恰当的分析方法，保证数据的可靠性和分析的合理性。同时，研究者需要严格遵守科研伦理，保护被调查者的权益和隐私。只有通过科学合理的数据收集和分析，研究者才能获得准确、有意义的结论，为知识的积累和社会的进步做出贡献。

第二章 高校劳动教育理论

第一节 高校劳动教育的困境

新时代对高等教育"培养什么人""为谁培养人""怎样培养人"提出了更高的使命要求，实行劳动教育是其中内容之一。目前，我国高校劳动教育存在重视程度不够、教学内容碎片化、教学手段简单化、学生自觉性不高等问题。因此，必须通过转变高校劳动教育的理念、优化劳动教育体系、建立健全劳动教育统筹协同机制和劳动教育的长效机制等措施，引导大学生树立正确的劳动价值观，为实现中华民族伟大复兴的中国梦培养优秀的人才。

一、问题的提出

我国已进入中国特色社会主义新时代，对高等教育"培养什么人""为谁培养人""怎样培养人"提出了更高的人才培养要求。劳动对社会的生存发展具有基础性的作用，实行劳动教育可以丰富新时代党的教育方针，完善课程体系，优化人才培养体系，这对大学生健康成长、全面发展具有非常重要的意义。为此，2018年9月的全国教育大会上提出"坚持中国特色社会主义教育发展道路，培养德智体美劳全面发展的社会主义建设者和接班人"。[①] 首次将劳动教育提升为"五育"内容之一，为中国特色社会主义教育带来了新的历史性的突破。2019年1月，全国教育工作会议上也提出要加强立德树人，狠抓劳动教育。2020年3月，中共中央、国务院印发的《关于全面加强新时代大中小学劳动教育的意见》充分肯定了劳动教育对于新时代的重要意义，构建"五育"全面培养的教育体系。

劳动教育，既是教育问题，更关系国家发展。高等学校作为大学生思

---

① 刘志辉.培养德智体美劳全面发展的社会主义建设者和接班人[J].新湘评论,2021(11):58-59.

政教育的引领者、管理者和实施者,加强劳动教育,将劳动教育作为大学生的必修课之一,引导学生培育劳动热情,做到热爱劳动、积极参加劳动,树立劳动自豪意识,为党和国家事业发展储备人才资源。

二、新时代高校加强劳动教育的重要意蕴

加强劳动教育,引导大学生勤奋劳动,肯于劳动、善于劳动,尊重劳动者劳动成果,对于传承劳动美德,涵养大学生劳动品格,培育会劳动、爱劳动的社会主义合格建设者具有重要意义。

(一)为实现中华民族伟大复兴育才

中国梦是民族的、国家的,也是每一位华夏儿女的。正是靠着无数炎黄子孙、仁人志士踏石有印、抓铁有痕的实干躬行,中华民族才在风雨飘摇中走过了自强、求富、圆梦、复兴的披荆斩棘历程。国家富强、民族振兴、人民幸福是中国梦最本质的要求,中国梦的实现需要一代代青年的接力奋斗,需要青年一代的诚实劳动、辛勤劳动和创造性劳动去破解各种难题,让劳动教育成为大学生奋发努力的重要推手。因此,在新时代对大学生加强劳动教育有利于实现中华民族伟大复兴的中国梦。

(二)为落实立德树人的根本任务固本

立德树人是育人的根本任务。劳动教育,是全面落实立德树人任务的首要切入点。劳动教育"具有树德、增智、强体、育美的综合育人价值"。一个人要想全面发展,不仅仅需要依靠科学文化知识教育、道德品质教育、体育和美术教育,更需要依赖高程度的劳动教育,才能成为有教养、有文化、有道德的优秀人才。所以,必须把劳动作为育人载体,这对于提高学生品行、增加智慧、强身健体和修身养性大有裨益,在高校推行劳动教育,有助于大学生全面成长,实现立德树人根本任务。

(三)为增进大学生的全面发展助力

十年树木,百年树人。加强劳动教育,对于大学生劳动精神的培育、劳动价值观的内化、劳动习惯的塑造、劳动技能的培育大有裨益,这不光能帮助学生培养高度的社会责任感,还能有家国情怀,实现自身的人生价值。同时,通过劳动价值观的学习,强健体魄、磨炼意志,形成健全完善的人格,有助于培育践行社会主义核心价值观,使大学生成为自由、充分、全面、和谐和德智体美劳全面发展的有思想、有觉悟的劳动者。

三、高校劳动教育存在问题

（一）高校对劳动教育重视不够

高校劳动教育存在地位虚置的弊端。当下劳动教育仅被少量高校纳入教学计划，制订了劳动教育方案，但在更多的高校，高校劳动教育在实际的教育教学中被"暗藏"在其他"四育"的教育中，劳动教育往往被泛化为社会实践或转化为思想道德教育，缺乏独立性，教育效果不佳。

高校劳动教育的投入严重不足。很多高校缺乏具有专业理论功底、专门从事劳动教育的专职教师，仅仅依靠其他学科的教师或聘请社会专业人士辅助教学，大大弱化了劳动教育的效果；同时，劳动教育的硬件设施和软件配置也较为薄弱，更多种类的劳动体验场地和更完善先进的劳动设施匮乏使得高校劳动教育容易流于形式，缺少实质性的教育内容，劳动教育未达到应有效果。

高校劳动教育的评价标准相对匮乏。在大学生的综合素质测评中，有关劳动素养的评价标准难觅其踪。劳动教育评价等级认定在实质性上存在缺憾，拘泥于简单的分数，评价方式简单、缺乏可操作性，缺少将对劳动情感认同度、劳动意志内化度、劳动行为稳定性纳入评价体系的做法，更缺乏对学生自我服务生活劳动的评价，难以达到劳动育人的目的。

（二）高校劳动教育内容与手段简单化、碎片化

对于劳动价值观教育的地位认知不清。因为劳动技能方面的教育具有周期短、见效快、外显性强等特点，更容易达到提升就业率的要求，故而当前高校在这方面花费了大量力气，相对忽视了有关劳动价值观的教育，具有浓重的功利主义色彩。同时，老师们在进行劳动价值观教育教学过程中，对劳动幸福观、劳动平等观、劳动使命观和劳动伟大观的认知不足，也容易让学生产生思想偏离，定位失准，对塑造正确的劳动价值观极为不利。

劳动习惯教育持久性不够。一方面大学生本人对劳动习惯的自我培养缺乏重视，生活条件好了会安于享受，存在懒散和"各人自扫门前雪"的冷漠心态。另一方面，家长"以成绩论英雄""唯成绩论"的思想拒绝孩子家庭劳动，怕耽误学习时间的做法也使得孩子在家庭中劳动教育缺乏，四体不勤、五谷不分。再加上高校教育缺乏长效机制，要么寄托于专业实习，

要么放任于社会实践，这些手段方式对劳动教育的讲述时间也有限，收效不大。

　　劳动技能教育不能推陈出新。技术教育和能力培养是劳动技能教育的一体两面，劳动技能教育应与时偕行、吐故纳新。但目前部分高校学生并不了解该专业前沿知识，劳动技术教育前景堪忧，劳动能力培养大多依赖一个固定模式的实践活动或者实习实训，进行重复的简单体力劳动。久而久之既阻碍了大学生创造能力的提高、主观能动性的培养，也妨碍了新时代创造性劳动者的缔造。再加上劳动教育方式落后，缺乏实践学习和榜样教育方式的互动与体验性，收效甚微。

（三）学生对劳动教育的自觉性不高

　　社会中脑体分工不平衡的认知、当下应试教育的氛围、当代独生子女独特的成长环境以及功利主义价值观的影响，劳动教育无论在家庭、学校还是社会的存在感极低，这就使得青少年劳动能力低、劳动意识浅。"中国教育共同的毛病是教育脑力劳动者不动手操作，不教育体力劳动者动脑思考，所以什么能耐也没有。"[①] 中华民族尊重劳动热爱劳动的传统美德被遗忘，不爱劳动、不懂得尊重他人劳动成果的现象比比皆是，劳动意愿亟待激发。

（四）家长对劳动教育配合度不够

　　由于受传统观念影响，一方面家长缺乏正确的劳动意识，自身存在轻视劳动的现象，选择体面的职业光宗耀祖是家长的期望，根本无从谈起对孩子进行正确的劳动教育。另一方面，现实的升学竞争压力，"分分学生命根"的错误理念，使得多数家长不得不过分关注孩子的学习成绩，重智轻劳意识比比皆是。以初升高为例，民办与公办高中合起来的升学率在50%左右，剩余50%的学生有部分能上职业中专，还有部分无学可上，这种残酷的现实逼迫家长代劳了本该属于孩子自身完成的劳动，如力所能及的洗衣做饭、打扫卫生、整理自身内物等。家长剥夺了孩子的劳动权，劳动意识培育无从谈起。正是由于家庭劳动教育的短板，给高校劳动教育开展造成了一定困难。

[①] 王文婷. 高校劳动教育理论与实践研究 [M]. 吉林出版集团股份有限公司, 2022.

四、新时代加强高校劳动教育的多维路径

（一）转变劳动教育的理念

理念决定方向。加强劳动教育首先要从转变理念入手。一方面要让学生充分认识劳动理论、劳动法规教育重要性。要加强马克思主义经典理论对劳动、教育与生产劳动相结合原理的学习，研习马克思主义中国化的劳动教育成果，提高劳动理论素养。同时，加强劳动法律法规的学习，学会用法律手段维护好自身合法权益。要引导大学生充分认识劳动对人的全面发展的重要性。另一方面，要确立劳动教育目标。首先，要培育学生的劳动观念，使广大青年学生树立"劳动最光荣、最崇高、最伟大"的劳动观念；其次，要引导学生明确劳动价值，遵循艰苦奋斗的劳动宗旨，端正劳动态度，始终怀揣一颗热爱劳动的心，认识到劳动对个人发展的重要性，将来能够做到爱岗敬业、无私奉献，成为对国家、社会有用的人。再次，要塑造大学生社会责任感和锐意创新的劳动精神，有大局意识，使个人理想、国家富强、民族复兴能够有效联系起来，紧跟时代步伐，为社会主义建设奉献力量。最后，要建立家校合作机制。要引导家长转变劳动教育理念，明晰劳动对学生成长成才、社会发展的重要意义，积极配合学校做好学生的劳动教育工作。家长要以身作则，勤奋劳动，树立爱劳动家风，把劳动视为责任、义务，成为孩子的学习榜样。家长要利用周末或假期，让孩子分担力所能及的劳动活动，将家庭劳动作为劳动教育必不可少的组成部分，使得劳动教育生活化、常态化，让学生在劳动中体验播种的艰辛和收获的快乐。

（二）优化高校劳动教育体系

优化劳动教育体系需要加强跨学科间的融合贯通，通过提升老师素质、加强技能教育、设置劳动必修课等多维抓手协同推进。一方面，要将劳动教育渗透到专业课理论课的教学过程，聘用理实兼具的专职教师，培育大学生劳动素养，使其形成劳动价值认同。另一方面，通过产教融合、校企合作、社会实践、实践基地教学、劳动竞赛、志愿者服务活动等形式，充分调动大学生劳动热情、劳动兴趣，将劳动意识内化于心、外化于行，以期实现劳动教育在全过程、全员、全方位育人的目标宗旨。

(三)完善劳动教育协同机制

完善高校劳动教育协同机制涉及多元育人主体,即构建家庭、学校、社会共同支持的教育平台,形成劳动教育合力。首先,营造崇尚劳动的社会氛围。通过典型的示范作用,让大学生对奉献精神、工匠精神、劳模精神等铭记于心,使劳动最光荣、劳动最伟大、劳动最崇高、劳动最美丽的观念在全社会形成风气。其次,构建良好的校园文化。在校园文化中展现劳动教育内容,创造优质的校园环境,营造"劳动最光荣"的校园文化氛围,激发大学生参加劳动的热情。最后,倡导家庭劳动教育。家长要树立,劳动和学习并重观念,让学生从小开始承担力所能及的劳动,锻造他们的劳动素质,积极培养其劳动意识和社会责任感。

(四)建立劳动教育的长效机制

加强劳动教育,就必须建立长效机制。首先,完善工作机制。通过加大资金投入、成立劳动教育相关部门、强化师资队伍建设等措施,促使劳动教育建立长效机制,既保证劳动教育实施资金,满足劳动教育的软硬件要求,又要明确三全育人的劳动教育要求,协调优化劳动教学工作,保障劳动教育顺利开展。同时还要打造一支包括专职教师、优秀的劳动者、大国工匠等组成的专、兼职教师队伍,增强劳动教育实效性。其次,要完善考核评价机制。考核评价机制要围绕劳动教育理论知识、实践知识开展,可以采用教育者和受教育者的双向考评的形式,既要评价劳动过程,又要评价劳动结果,增强劳动教育的实效性,以此强化大学生对劳动教育的观念,促进高校劳动教育长效化、规范化和健康发展。

总之,开展高校劳动教育活动是一个长期的过程,需要多元主体协作、多项措施并举。需要强化劳动实践,建立长效机制。只有这样,才能真正实现劳动增长知识,提升技能,强健体魄,涵养品格的目的。也只有这样才能培养大学生的职业荣誉感和公共服务意识,形成正确的劳动价值观。

第二节 高校劳动教育的课程化

劳动教育对于培养社会主义建设者和接班人具有重要战略意义。2020年3月,中共中央、国务院印发了《关于全面加强新时代大中小学劳动教育的意见》(以下简称《意见》),提出"整体优化学校课程设置",将劳动教育纳入普通高等学校人才培养方案，形成具有综合性、实践性、开放性、针对性的劳动教育课程体系。课程是高校劳动教育开展的现实载体，只有通过规范化、系统化的课程实施才能真正将劳动教育落实。2020年7月教育部印发《大中小学劳动教育指导纲要（试行）》（以下简称《指导纲要》），细化了《意见》中的有关要求，为高校劳动教育的课程化规范化体系化（以下简称"三化"）建设提供了专业指导。

一、劳动教育"三化"的必要性和可行性

（一）劳动教育"三化"的必要性

"从广义上讲，课程是由一定育人目标、基本文化成果及学习活动方式组成的用以指导学校育人的规划和引导学生认识世界、了解自己、提高自己的媒体"，[1]它包括课内教学、课外活动、课后作业和社会实践。劳动教育课程化就是要以课程的方式和要求对劳动教育进行有目的、有计划的规划设计、过程管理、效果评价并形成相对稳定的教学制度和运行机制。规范化是保证课程目标实现和稳定运行的方式、程序的规制。劳动教育不是单一的知识教学，也不是简单的技能训练，而是劳动价值观（想不想、愿不愿）、劳动技能（会不会、能不能）和劳动习惯（能不能长期坚持，形成稳定一贯的劳动行为）的全面培养。体系化是学校课程的另一特征，在劳动教育上表现为理论课程与实践课程、专业实习（训）课程与劳动教育课程、家庭学校的日常生活性劳动教育与校外生产服务性劳动教育的结合与融合，以促进学生的知与行、说与做、内化（情感态度价值观）与外化（行为）、做一时与做一世的一致与统一。

1.高校劳动教育现状迫切需要劳动教育的"三化"

党和政府历来重视劳动教育的作用，在教育实践中不断探索劳动教育的实施方法，并取得了一定成效。但是"劳动教育工作还存在不同程度的价值矮化、机构虚化、内容窄化等问题"，[2]尤其是高校有劳动无教育和有教育无劳动的问题同时存在。劳动活动不等于劳动教育，学生参加了劳动活动，但是不一定受到了良好的劳动教育。许多高校都设置了劳动周或劳动月，组织学生进行卫生打扫、社会实践、专业实训或者志愿服务等劳动实践活动，但是这些活动大多存在劳动教育目标不明确、方式不规范、过程

---

[1] 曹欣.关于课程理论与课程改革的几个问题[J].徐州教育学院学报,2001(3)：70-72.
[2] 曹欣.关于课程理论与课程改革的几个问题[J].徐州教育学院学报,2001(3)：70-72.

不可控、效果未检测等问题。因此，高校劳动育人过程中一个十分薄弱并且亟须加强的环节就是将劳动教育纳入人才培养全过程，加快推动劳动教育的"三化"，通过有目标、有计划、有要求、有组织、有指导、有反馈地安排学生参加劳动的学习与实践，使学生系统、全面地接受劳动教育。

2."三化"是提升大学生劳动素养的必然要求

早在百年前，马克思、恩格斯就提出了"教育与生产劳动相结合"的重要观点，并强调劳动是实现人的体力和脑力全面发展的重要途径。《意见》明确指出劳动教育是学生成长的必要途径，直接决定社会主义建设者和接班人的劳动精神面貌、劳动价值取向和劳动技能水平，关系到人的全面发展。"新时代教育使命，首先是指中国特色社会主义教育性质决定中国教育的宗旨之一是培养有劳动素养的时代新人"。其中"'劳动价值观'是劳动素养的核心内涵"，而劳动观念常常是在劳动习惯养成过程中形成并通过现实劳动表现出来的，这就需要有目的、有计划地在全面系统的教育教学中培养大学生的劳动习惯，由行为习惯通过"合理化"的心理机制"内化"为热爱劳动、崇尚劳动的价值观。

3."三化"是劳动教育可持续发展的必然要求

目前高校的劳动教育普遍缺乏顶层设计、前期引导、过程控制、教育反思和反馈评估等必要环节，呈现不规范、不系统、不全面、效果不如意等状态。劳动教育规范化和制度化不仅可以解决目前高校劳动教育存在的上述问题，更能确保和促进劳动教育发挥长效育人机制，充分实现劳动在树德、增智、强体、育美的综合育人价值，培育一批又一批具备良好劳动素养的时代新人。

（二）劳动教育"三化"的可行性

党和政府的高度重视是推进学校劳动教育"三化"最强大的动力、最重要的条件和最有力的保障，劳动教育的"三化"既是客观要求，也是新时代学校劳动教育因时而进、因势而新的生动体现。

勤劳节俭是中华民族优良的文化传统，教育与生产劳动相结合是马克思主义的重要命题，劳动教育是中国共产党领导下的学校教育的重要内容。早在延安时期的抗日军政大学，除了军事训练课程外，还有大量的生产劳动课程，抗大校歌的最后一句歌词是"我们是劳动者的先锋"。所有这些，都为我国高校开展劳动教育提供了很好的历史和文化基础。在新的历史时期，借鉴于历史经验，得益于党和国家对包括劳动教育在内的整个教育的高度重视和不断增加的经费和资源的投入，伴随着整个社会对劳动教育意义和价值认识的显著提高，今天学校开展劳动教育有着更多、更好的有利条件。更何况，"在德智体美劳全面培养的教育体系中，劳动教育具有更基础、更基本、更'原初'的意义和价值"。实现这一价值，需要劳动教育课程把重点落到关注学生劳动过程中的体验和感悟，要让学生在出力流汗中收获辛勤劳动后的快乐，在手脑并用的劳动中有获得感、成就感和荣誉感，由外而内产生真切体验，由内向外激发自主性和创造性；在劳动技能的训练和竞赛中使大学生由"不会劳动"到"会劳动"，在熟练劳动的亲身体验中由"不想劳动"到"想劳动"再到"爱劳动"；在由劳动成果的消费者、享用者到提供者、服务者的"角色转换"中学会"换位思考"，实现从对劳动者的轻慢到尊重、对劳动成果的浪费到珍惜的转变和提升。这个内化和转换的过程不仅实现了育人的目的，也同时满足了学生自我成长成才、全面发展的需求。

劳动教育缺乏师资怎么办？由于劳动教育具有综合性与渗透性的特点，各学科专业的专任教师、思政课教师、党团干部和辅导员都可以是劳动教育的教师。从这个意义上说，我们主要缺的不是教师，而是劳动教育的意识与能力，更准确地说，缺的是掌握劳动教育特点与规律的专任或专职教师，这样的教师目前可以在专职辅导员中通过劳动教育的实践来培养。按照教育部《指导纲要》的要求"高等学校要加强劳动教育师资培养，有条件的院校开设劳动教育相关专业"。相信劳动教育的师资问题以后会逐步得到解决。其实，劳动教育的实践就是培养这一师资的最好途径，我们往往不是有了老师才有教育，而是教育的需要才产生了教师这一职业，劳动教育也是如此。实际工作中，有条件的院校可设立劳动教育学院，引进劳动教育专家专门从事劳动教育课程规划和设计的指导。要充分利用和发挥全体教职工的力量，在思政理论课、人文素质课程中渗透马克思主义劳动价值观、劳动法和劳动安全等教育，在课程思政中加强对专任教师开展劳动教育意识与能力的培训；发挥班主任、学业导师、专业教师在专业实践教育中的劳动教育和引导作用，不仅使学生在专业学习中获得劳动技能，还能强化劳动态度、情感和习惯的培养。

劳动教育应该如何操作？《指导纲要》围绕讲解说明、淬炼操作、项目实践、反思交流、榜样示范等关键环节做了具体说明，要求通过组织学生参加劳动实践，对学生进行热爱劳动、热爱劳动人民的教育，切实解决有劳动无教育的问题。

二、高校劳动教育课程的教学目标、特点与要求

"'劳动教育'是以促进学生形成劳动价值观（确立正确的劳动观点、积极的劳动态度，热爱劳动和劳动人民等）和养成劳动素养（有一定劳动知识与技能、形成良好的劳动习惯等）为目的的教育活动。"在学校教育中，课程的实施和推进是教育的核心内容和载体，因此要实现劳动教育的育人目的必须落实在具体课程中。

（一）高校劳动教育课程的教学目标

根据对"劳动教育"概念的理解，高校劳动教育课程需要实现以下三个目标，一是引导学生形成马克思主义劳动观，体会劳动美好，牢固树立劳动最光荣、劳动最崇高、劳动最伟大、劳动最美丽的观念。二是在劳动实践中使学生学会劳动、掌握必要的劳动技能，培养能劳动、会劳动、善劳动的各类专业人才，提升学生就业创业水平，具备创造性劳动能力。三是培养学生良好的劳动习惯，使青年学生愿意劳动、崇尚劳动、热爱劳动，具备敬业奋斗精神和服务奉献精神，积极投身社会主义现代化建设。

（二）高校劳动教育课程的特点

1. 生活化

日常生活劳动教育注重在学生个人生活自理中强化劳动自立意识，体验持家之道，这是学生健康发展、适应社会生活的基础。此类劳动与个人生活自理、家务劳动、环境卫生（大扫除）等日常生活紧密相关。劳动教育的开展重在贴近学生、贴近生活，充分利用校内外环境和资源（学生寝室、教室、食堂餐厅、社区、校园环境等）设计劳动教育实践课程，并纳入学生日常管理，使大学生在日常生活中参与劳动，培养劳动习惯，感受劳动的生活之需，体验劳动带来的环境之美。

2. 实践性

劳动教育以活动课程为主，以理论知识课程为辅，强调在做中学、做中悟。劳动教育应以动手实践为主要方式，面向真实客观的生产生活和职业活动，结合"三支一扶""三下乡"等组织学生开展生活劳动、义务劳动、社会实践等，使学生在"以体力劳动为主、手脑并用"的实践体验中体悟劳动的真谛。重点引导学生实践前的计划构想、实践中的感悟思考和实践后的反思交流，加深对有关思想理论、法规政策的理解，实现理论学习和

实践锻炼的统一，在实践中强化学生对劳动的认知、增强服务和奉献意识、培养吃苦耐劳和探索创新的劳动精神。

3. 集体（协作）性

"班集体作为高校'地基式'育人载体，承担着塑造班级形象、营造学校文化氛围和培养学生价值观的基础性工作，是学生社会化价值养成的重要平台。"① 高校劳动课程安排的劳动多为集体劳动，尤其是以班级为教学单位组织实施劳动周或劳动月的劳动课程，学生需要相互配合协作完成劳动任务，共同解决复杂问题。劳动协作中的相互交流、配合、激励等人际互动有利于学生形成团结互助、勇于承担和甘于奉献的优良劳动品质，是培养集体主义精神的重要载体。

4. 渗透性

"只有劳动教育有机融入全部教育生活，劳动教育才能取得真正的实效"，② "新时代的劳动教育形态已经发生结构性转变，单一形态的劳动教育实践难以承载新时期劳动教育功能的实现，劳动教育开始走向整合性的实践路径，以实现劳动教育在课程、活动等方面资源的有机整合"。③ 因此，高校人才培养应强化劳动育人导向，将劳动教育课程渗透于专业类课程（如实习实训、科学实验、社会实践、毕业设计等）和公共必修课（如思想政治理论、就业创业、体育健身、音乐美术等）课程中，整合各方面资源，拓展劳动教育育人途径，结合"三全育人"的实施，提升劳动的综合育人实效，培养德智体美劳全面发展的人才。

5. 社会性

大学生的服务性、生产性劳动教育需以校外劳动为主。高校要拓展校外劳动教育资源，带领学生走向社会，走进企业、社区和乡村田野，组织开展校外劳动锻炼，如实习、实训、实地考察、专业调研等，引导学生利用所学新知识、新技术、新工艺、新方法，创造性地解决实际问题，帮助学生积累就业和创业经验，提升社会竞争力。社会性是高校劳动教育课程区别于中小学劳动教育的一个显著特征，是大学生走出校园，走进社会，直面现实社会，了解和参与真实社会经济活动，促进青年社会化的有效方式。

---

① 施一满著. 大学生"道德银行"建构论 [M]. 北京：人民出版社，2015.
② 施一满著. 大学生"道德银行"建构论 [M]. 北京：人民出版社，2015.
③ 施一满著. 大学生"道德银行"建构论 [M]. 北京：人民出版社，2015.

（三）高校劳动教育课程的要求

高校劳动教育课程体系构建还处于摸索阶段，如何确保落实落地和规范开展是高校劳动教育发挥育人功能的根本和关键。一是要加强劳动教育的顶层设计与规划。《指导纲要》明确指出，"学校是劳动教育的实施主体，应根据国家相关规定，结合当地和本校实际情况，对劳动教育进行整体设计、系统规划，形成劳动教育总体实施方案。方案要明确劳动教育目标内容、课时安排、主要劳动实践活动安排、劳动教育过程组织与指导及考核评价办法等"。高校要创造条件逐步开齐开足劳动教育课程，加强劳动教育的研究和探讨，不断改进教育方式方法，提升教育效果。如"郑州商学院把劳动教育纳入人才培养方案，有目标有计划地以独立内容和独特方式开展劳动教育课程，把劳动教育纳入学生工作的重心，纳入教学计划，每学年制订劳动教育实施方案，规划和指导劳动教育开展"。二是加强制度保障。设立专职负责部门，广泛征求师生意见和建议，从课程建设、人员保障、资源配备、管理考核、效果评价等多方面构建制度体系，构建劳动教育育人长效机制。如中国劳动关系学院成立了"劳动教育中心"，负责学校劳动教育实施推进工作的顶层设计、编写劳动通论教材、组织劳育师资培训、举办劳育专题"沙龙"、深化劳动科学与教育研究等。三是加强劳动教育的组织领导。明确主管校领导，明确实施机构和相关人员的职责分工，主要领导结对教学单位定期参加劳动教育活动，开展阶段性评估和总结，及时调整改进方案，确保课程实施的针对性和有效性。

三、高校劳动教育"三化"的难点及应对

目前高校劳动教育是高校教育体系中的短板和弱项，推进高校劳动教育课程化的实施还存在很多实际困难。

（一）劳动教育的"三化"缺乏经验基础

高校劳动教育课程设计鲜有先例可循，但却为高校根据各自校情探索劳动教育模式提供了巨大空间。《指导纲要》中对劳动教育课程的设计与实施提出了较为明晰的指导意见，对劳动教育必修课、课外校外劳动实践时间、每学年一次的劳动周等提出了具体要求。高校要依据中央和教育部的要求和指导，结合实际情况积极稳妥地推进劳动教育的"三化"，由独立的劳动教育部门或者教务部门作为责任主体进行总体的系统规划和设计，协

同学工、后勤等部门研讨和论证，分年级制定全校劳动教育课程的总体方向、目标、框架和评价指标，规范和指导教学单位开展和实施劳动教育，建设理论课程与实践（活动）课程、专业技能与劳动技能、劳动观念与劳动习惯相结合、相渗透的劳动教育课程体系。

劳动教育课程是课上课下、校内校外相互联动、协同配合的"大课程"体系，可按照独立课程和渗透课程进行开发和设置。独立课程以课堂传授通识劳动科学知识课为主，在大一年级设置劳动教育通识必修课，开发或者选取相应教材，比如，中国劳动关系学院编写了《劳动通论》[1]教材，通过课堂劳动知识的传授以及相应的实践教学，向大学生介绍马克思主义劳动观、新时代劳动教育观和劳动价值观，让学生学习和掌握走向社会后必备的劳动知识，如劳动伦理、社会保障、劳动法律法规、职业道德等。渗透课程要立足于高校人才培养，立足新工科、新农科、新医科、新商科、新文科等教育教学改革视角，结合学科和专业特点，将劳动教育内容有机、深度渗透到专业教育课程和公共必修课程中，"将劳动教育课程的目标、内容'打破'渗透于其他课程之中，也可以将其他课程中关于劳动的内容、形式'还原'于劳动教育课程之内"，[2]紧密结合专业培养开展劳动实践教育，培养大学生勤奋学习、实干创新、勇于探索的劳动精神，为大学生走向职场、走进社会做好准备。

（二）劳动教育缺乏师资

教师是立教之本、兴教之源，高校实施劳动教育课程必须逐步配齐配强师资队伍。目前大部分高校劳动教育师资供给不足，劳动教育必修课缺乏能胜任的教师，一般由思政课教师或辅导员临时兼任，随意性强；劳动实践活动零星体现在社会实践、志愿服务、专业实习等方面，指导教师不稳定；任课教师或指导教师劳动教育意识薄弱，劳动教育水平欠缺，远远不能满足新时代劳动教育的要求。由于劳动教育课程渗透性特点，需要全员参与到劳动教育的实施中，因此高校要采取多种措施，组建由思政课教师（劳动价值观）、辅导员（生活技能与劳动习惯）和学科专任教师（专业劳动技能）为主体并相互协同的劳动教育师资队伍，以立项方式在有条件的高校或院系先行先试。

有条件的院校可设立专门劳动教育机构，配备专任劳动教育教师，除担任课堂授课外，还承担劳动教育及课程研究、指导劳动实践的开展、参

---

[1] 刘向兵主编. 劳动通论[M]. 北京：高等教育出版社，2020.
[2] 刘向兵主编. 劳动通论[M]. 北京：高等教育出版社，2020.

与劳动教育师资培训等任务，提升劳动教育的专业化水平。重视和开展全员教师培训，结合学科特点将劳动教育有机融入专业课程，制订教学方案，提升学科专任教师劳动教育意识和劳动观念，提升日常教育工作中的劳动教育自觉性和有效性。在此基础上对担任劳动教育课程的教师进行专项培训，充分发挥思政工作者的作用，尤其重视辅导员在劳动教育课程化实施中不可或缺的角色作用。"辅导员是从学生入学到毕业的全程关注者、陪伴者和引导者，是名副其实的全程育人；辅导员是高校在'育人'上投入时间和精力最多、内容和范围最广的岗位，是真正课上课下、校内校外、线上线下、学期假期等全时空关注、全方位覆盖者。"[1] 劳动教育课程的育人主体离不开辅导员的全过程、全方位的参与，辅导员队伍是劳动教育课程特别是实践课程实施的最重要的主体。高校可根据辅导员专业化职业化发展路径，培养除生涯规划和就业指导、心理健康等之外的"劳动教育专家"，使其担任劳动知识授课教师、落实落地劳动教育实践活动、跟踪反馈劳动教育效果，充分发挥辅导员在全面推进劳动教育课程化实施过程中的一线基础作用。

（三）劳动教育课程的教学效果难以检测

经过劳动教育和实践，大学生劳动知识水平、劳动观念和意识、劳动技能程度、劳动习惯养成等情况如何？劳动教育课程体系哪些需要进一步完善和规范？这一系列的问题都需要对劳动教育课程的教学进行科学、合理的评价。反馈和评价是劳动教育课程化的最后一个关键环节，不仅是衡量标准，也具有目标导向作用，只有来自劳动教育课程教与学各方的及时反馈，才能掌握课程教学的利弊得失，及时对教学课程体系和具体教案进行调整，进一步促进课程体系优化，形成劳动教育的良性循环。《意见》强调要强化劳动教育评价，把学生劳动素养作为衡量学生全面发展的基本内容，注重评价结果在评优、升学就业中的使用。当前高校劳动教育缺乏系统性的评价体系，尤其是对劳动教育课程的评价标准尚需研究和探讨。"教育评价标准的确定必须依据教育目的，并与教育的目的相一致，目的是教育理想的达成状态，而教育评价标准是促进目的达成的尺度，是实际的东西。"[2] 衡量教育效果的尺度和依据就是教育目标的实现程度，针对一些青少年中出现的不珍惜劳动成果、不想劳动、不会劳动的现象，《意见》从思想

---

[1] 朱平.辅导员在高校"三全育人"中的角色与定位——兼论"育人"的特点与功能[J].思想理论教育,2020(3)：86-91.

[2] 黄中益，杨昌江著.创新教育论纲[M].长沙：湖南科学技术出版社,2003.

认识、情感态度、能力习惯三方面向全体学生提出了劳动教育目标，因此，可以把高校劳动教育课程化实施效果评价按照劳动教育目标进行三个维度的分解，并参照以下几个原则进行标准的制定，使课程教学效果评价更具客观性、合理性和科学性。一是系统性。要从全面整体的角度和发展的眼光来看待课程实施效果的评价，从宏观上要从大中小学一体化着眼，协同设计衡量标准，做好不同学段劳动教育的传承和衔接，并根据高校育人目标和大学生成长发展规律进行特征化设置。中观上要处理好课堂内和课堂外劳动教育评价的关系，课堂内理论学习以学分制为主，课堂外劳动实践活动结合学生现实劳动表现和学生的自我"领悟""反思"等，采取以定量和定性相结合进行标准设置。微观上根据年级和专业特点，在整体框架下进一步将标准细化、具体化，如明确学年劳动实践类型、次数、时间等要求。二是全程性。任何事物都是发展变化的，劳动教育的开展以及学生劳动素养的状态也是动态发展的过程，效果评价要静态和动态相结合，过程性评价和结果性评价相结合，标准设置体现阶段性和长期性，如从大一开始为学生建立"一生一档"劳动教育档案，并根据《指导纲要》所提出的学段目标和内容设置学段综合评价标准，不仅可以客观记录大学 3～5 年劳动过程和结果，也为评价标准的设置提供重要的现实参考依据。三是功用性。课程效果的评价须发挥其目标导向功能、鉴定区分功能、诊断改进功能等，因此在设置评价标准时要紧紧围绕劳动教育目标来进行模块划分，将抽象的、不易测量的目标（如劳动情感、劳动态度、劳动精神等）转化为具体的评价指标内容（如劳动表现、劳动技能、劳动习惯等），易于评价主体与评价对象理解和操作，使评价过程更具实操性，评价结果更具客观性。另外，评价标准的确立要经过反复推敲和验证，通过专家学者深入理论研究、广泛征求师生意见和实践应用验证等确保评价标准"真起来"，从而促进评价实施过程和评价结果真正"用起来"。

第三节　高校劳动教育的着力点

　　劳动是人区别于动物的类本质或一般本质，劳动创造了人本身，形成了人的各种属人的本性，是人类特有的基本实践活动。从人的全面发展理论层面看，人的全面发展包括人的需要、劳动、才能和社会关系等方面的全面发展。人的需要的全面发展是其他一切方面发展的基础，其次是人的劳动的全面发展，劳动的全面发展包括人的体力和智力的全面发展、发挥和使用，使人成为各方面都有能力的人，并能够根据自己的兴趣爱好和社会需要，自由地交替从事各种类型的体力劳动和脑力劳动，由此可以看出，劳动是人全面发展中必不可少的重要组成部分。但是人的全面发展需要以全面的教育作为实现途径，正如马克思所指出："生产劳动同智育和体育相结合，不仅是提高社会生产的一种方法，而且是造就全面发展的人的唯一方法。"[①] 劳动教育作为全面发展教育体系不可或缺的一环，是立德树人的基本要求，也是个人成长成才中服务国家和社会发展的动力支撑，良好的劳动精神面貌、正确的劳动价值取向和精湛的劳动技能水平直接关系到高校培养社会主义建设者和可靠接班人的教育目的的实现。因此，高校要准确研判目前劳动教育形势，科学认识劳动教育的时代特征，准确把握劳动教育的价值取向，研究推动劳动教育的实践路向，积极探索加强高校劳动教育的着力点。

一、时代特征：强化思想认知，凸显劳动教育的引领性

把握思想性特征。思想性是劳动教育的灵魂，它注重强调劳动是一切财富、价值的源泉，劳动者是国家的主人，一切劳动和劳动者都应该得到鼓励和尊重。马克思从唯物史观出发，充分肯定了劳动对于整个人类和人类历史的重要作用。在马克思看来，"劳动是一切历史的基本条件，有了人类的劳动，有了满足人类生存必需的前提，才产生了生活和历史"。[②] 新时代劳动教育的思想性特征体现在目的性和统一性两方面。从目的性角度看，劳动教育与德育、智育、体育、美育共同组成全面发展教育体系，在全面发展教育体系中具有独特价值，它是实现其他"四育"任务的主要途径，关系到人才强国战略目标的实现、关系到高校立德树人根本任务的实现、关系到能否培养出德智体美劳全面发展的社会主义建设者和可靠接班人。从统一性角度看，劳动教育符合当代大学生的身心健康发展规律和社会劳动发展规律，在培养社会主义建设者和可靠接班人过程中具有思想引领作用。劳动教育深刻辨析了"以体力劳动为主，注意手脑并用"的真正内涵，站在社会发展视角科学地回答了劳动教育的定位取向、劳动教育的主要实施途径和劳动教育过程中应该抓住的关键环节等问题。

体现社会性特征。劳动教育的社会性渗透在基本内涵、培养目标、实

---

① 卡尔·马克思作；刘丕坤译. 1844 经济学 哲学手稿 [M]. 北京：研究出版社，2021.
② 卡尔·马克思作；刘丕坤译. 1844 经济学 哲学手稿 [M]. 北京：研究出版社，2021.

践路向等各环节，劳动教育旨在通过引导学生走向社会，到社会中参加劳动，强调社会责任感与担当。恩格斯指出："每一时代的理论思维，包括我们时代的理论思维，都是一种历史产物，它在不同的时代具有完全不同的形式，同时具有完全不同的内容。"① 劳动教育的社会性特征体现在全员、全程、全方位育人中能够彰显价值和力量，并且能够在大学生全面发展过程中实现自我认同和完成自律，把社会外部影响内化为自我教育与自我管理。面对重大疫情、灾害等危机，通过开展服务性劳动，强化创造性劳动教育，加强生产劳动与教育技术相结合，提升主动作为的奉献精神，在劳动中教育自我、改变自我、提升自我，做到与时代同步伐。

突出实践性特征。实践的观点是马克思主义认识论的基本观点，实践性是马克思主义理论区别于其他理论的显著特征。马克思在《关于费尔巴哈的提纲》中指出："哲学家们只是用不同的方式解释世界，而问题在于改变世界。"② 从实践性的本源特征来看，实践是人们改造世界的客观的物质性活动，具有直接现实性的特点，实践性重在将所学知识转化为真正有用的实际本领，从而形成良好的实践习惯。劳动教育不仅包含自尊、自信、自爱等内容，更涵盖了劳动的实践性、道德性、教育性等特征，其中实践性占主要地位。实践性劳动活动有利于大学生掌握生活和劳动技能，锻炼大学生克服困难的坚强意志，在体味辛劳、挥洒汗水中塑造坚强的心理素质和健康的体魄，在艰苦奋斗、顽强拼搏中磨炼自己的意志，从而获得受益终生的宝贵精神财富；有利于提高大学生创新能力和形成积极向上的就业创业观，在国家社会需要与个人价值实现、专业学习与入职匹配等方面找到平衡。

二、价值取向：聚焦"四观"，拓展劳动教育的外延性

构建"劳动光荣"劳动价值观。树立正确的劳动价值观是践行马克思主义劳动价值观的题中之义，也是从根源上有效开展高校劳动教育的前提。在改革开放和社会主义市场经济发展的背景下，由于多种因素的影响，我国高校对劳动教育的关注略显不足，存在劳动教育的本真意蕴被遮蔽、劳动功能价值被矮化、大学生劳动价值观异化等问题。因此，高校要从战略高度全面认识劳动教育的重要性，在劳动信念培育、正确劳动价值观树立、劳动责任感提升、劳动伦理品德培养等方面加大培育力度，引领大学生感

---

① 恩格斯著；何锡麟译."资本论"提纲[M].东北新华书店，2022.
② 卡尔·马克思作；刘丕坤译.1844经济学哲学手稿[M].北京：研究出版社，2021.

知新时代中国特色社会主义下的劳动精神、劳模精神，使大学生积极主动地参与到国家、社会、学校劳动教育的实践中去。

落实"崇尚劳动"劳动教育观。习近平总书记在全国教育大会上将劳动教育作为"五育"之一纳入全面培养的教育体系，可以说是实至名归。在马克思关于人的全面发展理论中指出，人的全面发展是人的需要、劳动、才能和社会关系的全面发展，全面教育是实现人的全面发展的一个重要途径，由此可知，要使人获得全面发展，就必须实施全面的教育。长期以来，高校劳动教育一直存在"窄""空""软""虚"的现象，导致"淡化劳动理想""拒绝崇尚劳动""劳动告别主义"等思潮盛行，给高校立德树人工作带来新的挑战。究其原因，一是高校"五育并举"的大体系还是一副"空架子"，是一种"摆拍"，劳动教育资源缺乏有效整合；二是高校未意识到劳动教育在立德树人中的重要作用，导致劳动教育道路越走越狭窄。重提劳动教育，是因为构建德智体美劳全面发展的教育体系离不开劳动教育、促进大学生的全面发展离不开劳动教育、建设高素质劳动大军更离不开劳动教育。

践行"实干兴邦"劳动实践观。"一勤则天下无难事""民生在勤、勤则不匮""空谈误国、实干兴邦"这是中国人自古以来就秉承的劳动实践信念，这是我们拥有今天辉煌历史成就的钥匙密码。在大力振兴制造业、大力推进"中国制造2025"、加快推进制造强国的关键时期，生产出高品质的产品，需要大力培养具有爱岗、敬业、专注、创新、拼搏等可贵劳动品质的"匠人"，更需要一批有干劲、有闯劲、有钻劲的知识型、技术型、创新型劳动大军。高校作为高水平、高素质劳动大军的主要培养阵地，要科学研判新形势下劳动教育的定位与取向，从实现"两个一百年"奋斗目标的需要、高校立德树人的需要、大学生成长成才的需要看到加强劳动教育的必要性。可以说，重视劳动教育是破解高素质劳动人才制约国家和社会发展的重要举措。重视劳动教育，有利于发挥大学生身上所具有的热情、开放，充满活力、敢于创新、渴望创新的特点，引导大学生投身于先进制造行业、战略性新兴产业和现代服务行业；有利于大学生感知新时代中国特色社会主义下的劳动精神、劳模精神的精髓，增强大学生的行动力和执行力，以实际行动参与社会、奉献社会，引导大学生在劳动实践中磨炼意志品质，真正成长为全面发展、担当民族复兴大任的时代新人。

树立"幸福是奋斗出来的"劳动幸福观。加强高校劳动教育是增强劳动认同的现实需要，也是实现中国梦的力量源泉。由于多元化因素的影响，劳动教育始终没有充分彰显其正向作用和育人功能，一方面由于西方国家不良社会思潮的影响，社会上流行的错误的、片面的言论与观点，让很多心智尚未成熟的大学生感到迷茫，堕落风、浮躁风盛行，期望幸福会从天而降，形成坐享其成的不良心态。另一方面由于经济的快速发展带来的产业结构的调整和劳动力结构的优化使得体力劳动和体力劳动者受到蔑视，使一些大学生不再相信劳动是财富和幸福的源泉，导致大学生不珍惜劳动成果、不想劳动、不会劳动，劳动的独特育人价值在一定程度上被忽视，给人才培养工作带来了挑战。对大学生进行劳动幸福教育，有利于帮助大学生理解劳动是一切财富和幸福的源泉；有利于引导大学生在劳动中坚定理想信念、厚植爱国主义情怀；有利于大学生了解和懂得生产技术知识，掌握生活和劳动技能，锻炼大学生克服困难的坚强意志，在体味辛劳、挥洒汗水中塑造坚强的心理素质和健康体魄，形成健全完善的人格，从而获得受益终生的宝贵精神财富。

三、实践路向：丰富教育形式，提升劳动教育的实效性

构建科学劳动教育体系。构建科学劳动教育体系关键在于找准高校劳动教育的着力点。首先，加强顶层设计。科学做好劳动教育的顶层设计工作，成立以党委书记、校长为组长，宣传部、后勤处、学工处、教务处、科研处、校团委、马克思主义学院等部门为组员的劳动教育工作领导小组，制订全校劳动教育整体规划，形成党委统一领导、各部门齐抓共管的协同育人格局。其次，强化条件保障。组织保障层面，结合学校学科发展特色，制订符合劳动教育发展的学科、科研、师资队伍建设方案；时间保障层面，高校要从课程安排和课程设计上与其他专业课同向同行，搭建线上和线下交流平台，开展多样化劳动实践教学活动。再次，推进课程建设。课程是人才培养的核心要素，开设劳动教育课程是提升劳动教育目的性和方向感的重要途径，积极探索将劳动教育纳入高校教育教学体系和人才培养体系中，开设劳动教育学、劳动社会学等一系列"劳动+"课程，规划相应课时与学分。最后，发挥"主渠道"作用。思想政治教育具有隐藏性和渗透性特征，这两个特征决定了在教学过程中可以促进思想政治教育与劳动教育两者互相渗透，充分借助思想政治教育课程这个主渠道，将马克思主义劳动观与劳动教育有机结合，引导学生树立正确的劳动价值观念，内化于信念，外化于行动。

建立劳动教育长效机制。制度是保障劳动教育稳步推进的引擎和发动

机，劳动教育若与"德智体美"并驾齐驱，就必须建立相应的制度，形成制度化管理。一要健全目标制度。强化劳动教育目标制定，完善人才培养方案，强化第一课堂与第二课堂的衔接互补，促进大学生劳动素养与实践能力的协同发展；探索教学质量反馈机制，开展人才培养质量跟踪调查工作，通过用人单位对毕业生劳动能力的意见反馈，形成"倒逼"机制，从而有针对性地调整、完善劳动教育课程体系和校外实践活动；制定高校劳动教育实施办法，实施校园、公寓、图书馆卫生包干制，开展"最美教室""最美宿舍""最美劳动人"评选工作，设立劳动活动奖励金，不断提升劳动积极性。二要建立评价制度。坚持日常评价和过程评价相结合、教师与个人评价相结合、定性评价与定量评价相结合、情感培育与习惯养成相结合，将劳动教育活动纳入学生综合测评成绩并记入档案，作为评奖、评优、推荐免试研究生的重要参考和毕业依据。三要抓好项目式研究。充分发挥高校人才资源和理论研究优势，加大劳动教育理论研究成果转化为工作指导的力度，从学理上提供支撑，在经验上集成；成立辅导员劳动教育工作室，以工作室为牵引，开展基于教育实际问题的行动落实；科学探索省市级劳动模范担任大学生"校外辅导员"导师制，通过一名劳动模范对接一个班级的模式，在培养大学生劳动意识、提升大学生劳动素养和就业创业能力等方面对大学生进行科学合理的引导。四要构建多维度宣传格局。切实用好用活新媒体，依托学校和二级学院公众号推出系列劳动教育新媒体产品，开展"我身边的劳动者""幸福是奋斗出来的""时代新青年、劳动最美丽"主题教育实践活动，营造尊重劳动、崇尚劳动的良好氛围。

打造"新劳动教育"载体。劳动教育从本质上来说，就是一项综合的实践性活动。在新时代背景下，劳动教育要能够确保人获得一种自我存在的价值感和意义感，需顺应社会发展趋势，适应社会对人才的需求趋势，由"劳"转向"动"，重"实质"轻"形式"，通过有目的、有组织的劳动实践活动促进学生的综合素养全面提升。一要坚持劳动教育关乎国之大计、党之大计的战略思想，以"补短板、强弱项、提质量"的原则进一步推进高校劳动教育高质量发展。二要直面劳动教育本质，通过定向教育引导，将劳动教育与大学生思想政治教育工作有机结合，站在"传统劳动"与"现代劳动"相结合的立场上重新审视劳动教育，及时关注劳动教育形态的发展与变化，并及时调整劳动教育内容。三要在促进学生全面发展的基础上，将不同的劳动形态进行科学整合，将体力劳动与脑力劳动、简单劳动与复杂劳动、劳动教育与大学生思想政治教育等紧密结合，做到在教育上引导学生，在情感上感染学生，在能力上锻炼学生，从而更好地达到思想政治教育的目的。

第四节 高校劳动教育的实践路径

劳动教育目前正在成为我国特色社会主义教育制度的重要内容，劳动教育有利于促进当代大学生的发展成长，促进当代大学生的全面发展。随着我国教育体系的畸形，目前高校学生在"德、智、体、美、劳"这五方面完全不能做到平衡发展，尤其是劳动教育在当前的教育体系中逐渐被边缘化、被严重忽视与弱化。新时代高校应该提高劳动教育在教育体系中的地位。

一、新时代高校学生劳动教育的思想渊源

一切的实践活动都应有一定的思想源泉作为铺垫，同样的，新时代高校学生劳动教育也有其自身的思想来源。高校学生劳动教育主要是通过各种劳动形式，引导高校学生树立起正确的劳动观念，并且能够掌握一定的劳动知识和劳动技能。

（一）中国独有的传统劳动教育观念

新时代高校之所以开展一定的学生劳动教育实践，是受到了中国独有的传统劳动教育观念的影响。劳动教育的观念在我国古代的教育中一向占据着极其重要的地位，毕竟我国古代的经济基础是自给自足的小农经济。墨子曾经有过"食物必须通过劳动获得"[1]的观点；颜元提出了"劳动使人强健"[2]的思想；敬姜也曾提出"劳可培善"[3]的观点。从这些古代的人对于劳动的观点态度可以看出，劳动不仅是一个人生存发展的条件，还能够使人拥有较为高尚的思想品德。劳动教育观念从古至今，在能够使人生存发展，培养较高的思想道德素质的基础上，还符合目前社会的发展要求，有利于我国构建具有中国特色的劳动教育体系和人才培养方式。

---

[1] 墨子著. 墨子[M]. 长春：北方妇女儿童出版社，2016.
[2] 邓英树，刘德煊，黄建宁，徐沛著. 古文观止译注[M]. 成都：巴蜀书社，1997.
[3] 颜元著. 存学编[M]. 商务印书馆，1937.

（二）马克思主义的劳动观

马克思主义的唯物史观是近代最重要的思想结晶，而马克思主义劳动观又是马克思主义唯物史观的关键部分。马克思主义劳动观是对劳动教育做出深刻认识的基础，也是我国新时代高校学生劳动教育的重要思想来源。马克思在进行劳动价值的阐述时，从人与自然、人与社会以及人与人之间进行了全方位的描述，并且得出劳动创造了世界，劳动创造了历史，劳动创造了人这三个结论，同时也有力论述了劳动可以推进人的全面发展并且是推动社会历史发展的唯一的途径。同时马克思还在劳动观中提出劳动的本质在于解放人，劳动可以促进人的全面发展，因为劳动可以促进人的智力与体力进行一定比例的协调。教育是用来培养人的，将劳动与教育结合在一起是实现人的全面发展的必要途径。不能把劳动教育看作是单纯的手段与方法，劳动教育本身是带有一定的目的的。要想将劳动教育作为一定的教育目的，就一定要正确看待劳动教育在教育中的存在。马克思对于劳动观的所有阐述，都是在论断劳动以及劳动教育的价值。

二、目前我国高校学生劳动教育实践过程中遇到的问题

在目前的高校教育当中，文化课教育往往是占有极其重要的地位，劳动教育则越来越被边缘化、被忽视，甚至已经有部分高校直接取消了相关的劳动教育。这就导致了目前的高校学生对于劳动的概念十分淡薄，大多数高校学生不愿劳动、不会劳动。以上现象出现的主要原因还是高校没能建立完整的劳动教育体系，没能树立劳动教育的系统理论，并且不能做到及时地对劳动教育进行一定的创新发展。

（一）高校严重缺失有关劳动教育的新理念

首先，我国高校对于劳动教育的理念严重缺失，并且在全国范围内，劳动教育都处于整个教育体系最边缘的位置，劳动教育边缘化、忽视劳动教育已经成为各个高校在具体的教学中不可避免的行为。也正是因为各个高校对于学生的劳动教育极其不重视，很少对学生进行劳动理念的教导，也几乎不会组织学生进行劳动教育的实践，才使得学生很难认识到劳动教育的重要性，也就间接导致了高校学生对于劳动教育不能形成较为客观、正确的认识与理解。哪怕有些高校能够将劳动教育放在针对学生的教育计划中，但是，在进行劳动教育时也只是采取最传统的、最枯燥的宣讲的形

式进行，这样的教学方式很容易让学生产生厌烦的情绪，难以调动学生学习的积极性与主动性。甚至会有高校将劳动教育片面理解为劳动，强迫学生进行一些耗费时间和体力的劳动。以上的行为都反映了目前的高校严重缺失有关劳动教育的理念，这些都严重违背了劳动教育的本质要求。

其次，高校在对学生进行劳动教育时所选择的师资队伍也十分缺乏专业性。大部分高校进行劳动教育的形式便是让辅导员或者思政教师"兼职"进行劳动教育。这样的形式很难让学生真正重视劳动教育，并且缺乏一定专业性的教学互动，无法激发学生对于劳动教育的兴趣，甚至会让学生觉得劳动教育只是一种表面形式，根本不需要投入精力，根本不需要重视。

最后，高校由于过于重视学科知识的教育教学，几乎不会安排过多的时间让学生进行劳动教育的学习，更不用提给学生安排一些能够亲身体验劳动的实践机会。而高校这样的行为实际是将劳动教育与学生之间的关系彻底斩断，是造成高校学生不愿劳动、不会劳动的重要原因。甚至有不少学生认为劳动就是要付出体力与汗水，就是干一些体力活，去吃苦受累，也正是因为有这样的偏见与误解，高校学生大部分都十分抵触劳动教育，不仅严重缺乏劳动意识，还严重缺失劳动的责任感。

由此可见，高校对于劳动教育的理论观念的严重缺失会直接导致高校的劳动教育难以正常地开展。

（二）高校未建立相对完善的劳动教育体系

高校没能建立相对完善的劳动教育体系主要有四方面的原因。

第一，高校没有充足的理论观念支撑其进行劳动教育的高质量开展。目前社会对于劳动教育都缺乏一定的重视，并且国家也没有出台相关的政策对高校的劳动教育实践的开展进行相应的说明，这也就导致高校很难进行劳动教育的研究。进而就会导致劳动教育整个教育体系难以进行更深层次的学术研究，学术界内很难产生有关劳动教育的理论观念。

第二，高校内部在制订学生的课程理论课表时，几乎很少会考虑劳动教育课程的设置。出现这种现象的主要原因还是由于高校对于劳动教育的理论观念不够明确，因此对于劳动教育课程在高校开设的意义就不能做出清晰的理解，这就直接导致了高校中学生的劳动教育在整个高校教育系统中几乎没有地位可言，没有重要性可言。高校劳动教育课程缺失的另一个重要原因便是劳动教育的内容过于俗套，严重缺乏时代的创新性。

第三，劳动教育在高校的实际教育教学中完全没有具体的实行计划与实行措施，整个劳动教育体系在师生看来是可有可无的，经过这么多年高校教育的改革与发展，却从未针对劳动教育进行相应的改革创新，也没能形成一套有关劳动教育的培养体系。高校的劳动教育工作徒有其名，在实际的教育教学过程中完全捕捉不到劳动教育的影子。

（三）高校师生对劳动教育的意义认识不足

不可否认，我国经济的快速发展为我国社会的发展带来了巨大的机遇，但同时也产生了许许多多不可避免的社会问题，而这些社会问题也已经渗透进了高校的教育领域中，高校教育领域的教育实践也开始变得"急功近利"。现在高校内部的教师和学生都过于看重课程的分数和学业成绩，"唯分数论"又开始在高校中蔓延开来，这也就使得劳动教育在高校的教师和学生中间越来越不受重视。高校内部的教师和学生都不能对劳动教育的意义进行正确的认识，严重忽视了劳动教育对于学生全面发展的促进作用。

随着经济和社会的发展，社会中妄图一夜暴富和不劳而获的思想越来越严重，许多高校学生眼高手低，不仅自己不愿意通过劳动获取一定的报酬，还歧视劳动、轻视劳动，甚至将依靠劳动获取报酬的职业看成低人一等的职业，这反映出目前的高校学生对于劳动教育的意义与重要性严重缺乏正确的认识与理解。

三、新时代高校学生劳动教育的实践路径

习近平总书记曾经专门提出要重视当前高校的劳动教育。各个高校应以中共中央、国务院印发《关于全面加强新时代大中小学劳动教育的意见》（2020年）作为开展相应劳动教育的最高准则，对高校学生进行科学、合理的劳动教育，充分发挥劳动教育对大学生的发展所应起到的积极作用，帮助高校促进学生的全面发展。

（一）切实做好有关劳动教育的宣传工作，引导学生树立正确的劳动观念

新时代高校学生的劳动教育应该切实尊重劳动教育本身所具有的育人价值，要切实抓住劳动教育在当代社会中的价值取向，要在实际的劳动教育当中增强高校学生对于劳动教育价值的认同感，引导学生树立正确的劳动观念。要想切实做好有关劳动教育的宣传工作，引导学生树立正确的劳动观念，可以从下面四方面进行。

第一，高校可以充分利用学校内的进行各种事项公布的平台与设施，如校园新闻、校园广播和 LED 屏等，及时向学生展示劳动教育的内涵，从思想精神方面对学生进行一定的培养，为学生营造良好劳动观念的学习环境。

第二，高校可以在学校内部对拥有良好劳动品质的学生进行一定的奖励，并将其作为劳动的榜样示范，以便增强高校学生的劳动意识，进而培养学生进行劳动教育的自觉性。

第三，高校可以定期开展一定的劳动教育活动，既可以是能够进行劳动实践的相关活动，也可以是由部分教师或学生进行的有关劳动教育的讲座，这样可以促进学生与教师进行一定的有关劳动教育的沟通，增强劳动教育宣传工作的实际效果。

第四，高校可以将劳动教育这种实践性的教育和思想政治教育这种思想性的教育进行一定的融合，因为思想政治教育是高校育人的"方向标"。

（二）在劳动教育中贯彻理论与实践相结合的原则

首先新时代高校学生劳动教育一定要建立专门的适应目前时代发展潮流的并且具有一定创新性的劳动教育理论体系。在体系建成后，相关高校一定要加强对于劳动教育的理论研究，要鼓励高校内部进行劳动教育教学的相关教师切实做好针对劳动教育的理论研究，因为任何一件事情的进行都需要有专业的科学理论进行专业的指导。高校还需要根据本校的现实情况，制订出最符合该校实际的劳动教育教学的规划和方案，一定要对各个年级的劳动教育目标与计划都做出明确、清晰的安排，并且要对劳动教育的目标与计划的可行性进行一定的审核并适当地公开。

除去要进行充分的理论研究，高校还需要建立劳动教育的实践体系，丰富高校内部开展劳动教育的形式。高校可以利用各种资源，联系周围的企业等设立专门的劳动教育基地，并且对高校内部的学生都做出有关劳动教育实践的学时要求，可以要求学生在完成相应劳动教育学时的同时进行一定的劳动实践总结，以便加深高校学生的劳动教育体验感。

只有在具体的劳动教育中贯彻理论和实践结合的原则，新时代高校学生劳动教育才能蓬勃开展，才能更好地应对高校劳动教育面临的困境与问题。

（三）创新劳动教育的课程内容，完善劳动教育课程体系

高校首先要根据现有的劳动教育的课程，制订出符合教学实际的劳动

课程创新方案，对现有的劳动教育课程设置进行一定的优化。在进行课程内容的创新时，高校可以充分借鉴国内外高校对于劳动课程内容设置的优秀成果，要切实以学生的实际需求和发展需求作为课程内容创新设置的重要导向，在创新劳动教育课程的过程中要切实提高劳动教育课程所应具有的实际教学效果。除此之外，高校要切实重视劳动教育教学中的实践与理论的结合，要充分利用校地、校企和校社之间的丰富资源，可以充分在校地、校企、校社这三者的基础上建立专门进行劳动教育教学的实践基地。

比如，学校可以创新推动实习的劳动教育模式，也就是帮助学生或者要求学生利用寒暑假的时间寻找可以进行劳动实习的工作单位，并且要将自己的劳动实习经历写成一份完整的劳动教育教学报告。高校可以通过创新劳动教育的内容和完善劳动教育的课程体系来增加学生对于劳动教育实践的体验感。

劳动教育在目前的高校教育中起着重要的作用，它可以锻炼高校学生的创新思维进而促进高校学生的全面发展。高校需要通过一系列的方式引导学生正确看待劳动教育、热爱劳动。同时高校也要在推行劳动教育的过程中注意实践中的各种问题，根据问题不断地改革劳动教育开展的形式，促进劳动教育在高校教育中的良好发展。

第五节　高校劳动教育的可持续发展作用

劳动是推动人类社会进步的根本力量。中国特色社会主义进入新时代，习近平总书记发表了一系列关于劳动的重要讲话和论述，如"劳动创造一切""弘扬劳动精神""提高劳动者素质""构建和谐劳动关系""建设知识型、技能型、创新型劳动者大军，弘扬劳模精神和工匠精神，营造劳动光荣的社会风尚和精益求精的敬业风气""要在学生中弘扬劳动精神，教育引导学生崇尚劳动、尊重劳动，懂得劳动最光荣、劳动最崇高、劳动最伟大、劳动最美丽的道理，长大后能够辛勤劳动、诚实劳动、创造性劳动""培养德智体美劳全面发展的社会主义建设者和接班人""要努力构建德智体美劳全面培养的教育体系，形成更高水平的人才培养体系"等。2020年3月，中共中央、国务院印发《关于全面加强新时代大中小学劳动教育的意见》，为构建德智体美劳全面培养教育体系，加强新时代大中小学劳动教育，从具体要求、体系构建、教育实践、支撑保障和组织实施等方面提出了明确意见。

2020年10月,中共中央、国务院印发《深化新时代教育评价改革总体方案》,在"改革学生评价,促进德智体美劳全面发展"部分,单列"加强劳动教育评价"条目,明确要求:"实施大中小学劳动教育指导纲要,明确不同学段、不同年级劳动教育的目标要求,引导学生崇尚劳动、尊重劳动。探索建立劳动清单制度,明确学生参加劳动的具体内容和要求,让学生在实践中养成劳动习惯,学会劳动、学会勤俭。加强过程性评价,将参与劳动教育课程学习和实践情况纳入学生综合素质档案。"新时代开展什么样的劳动教育、如何改革和开展劳动教育、怎样评价劳动教育,为我们加强高校劳动教育,促进大学生的可持续发展提供了方向。

一、新时代高校劳动教育有利于大学生身体健康的可持续发展

身体是生命的物质载体,是灵活多变和自由自在的生命有机体。身体作为一种象征性的区别形式,与健康和美丽密切相关。"身体理想"在人类发展中占据了重要地位,长期以来一直受到全社会广泛关注。研究者将"身体理想"视为健康标志,成为新时代社会的健康角色。"劳动首先是人和自然之间的过程,是人以自身的活动来中介、调整和控制人和自然之间的物质交换的过程。"[1]要激发高校学生身体的内在生命活力,调动身体的灵活协调性,塑造全面健康身体,就需要开发他们的身体潜能。

高校学生无论进行何种劳动,都在一定程度上作用于劳动者的身体。学生可以通过劳动开发身体潜能,达到强身健体的目标。从改善身体状态的角度来看,劳动教育不是将体力劳动和脑力劳动对立起来,而是将两者结合起来。通过劳动教育要让学生意识到,劳动既会涉及体力,也会涉及脑力,劳动消耗体力和脑力的同时也会提高身体素质和大脑智慧。从这个意义上说,高校劳动教育可以锻炼和发展年轻人的身体潜能,对促进大学生身体健康的可持续发展具有重要作用。威廉·莫里斯(William Morris)在《乌有乡消息》中写道:"干草场上劳动的男女无愧于仲夏可爱的丰盛景象,无愧于仲夏无穷无尽的美丽景色,悦耳的声音和芬芳的气息啊!"[2]实事求是地说:"如果你没有在天气晴朗的干草场干过活,你就体会不出这种劳动的兴趣。而且,妇女干活的时候,也是非常好看的。"这些叙述不仅描写了乌有乡"晒干草"的劳动画面,而且还将劳动中男女健美的身体展示

---

[1] 厉以宁著.社会主义政治经济学[M].北京:商务印书馆,1996.
[2] 莫里斯著.乌有乡消息[M].北京:中国政法大学出版社,2003.

出来，劳动可以使人变得愉快和美丽，在高校开展完整的劳动教育有利于促进大学生身体健康的可持续发展。

二、新时代劳动教育有利于大学生心理健康的可持续发展

人们通常认为，身体没有疾病的人应该感到健康，而有器质性病变或功能障碍的人应该感到不舒服。实际上，有时候人的身体非常健康，没有疾病，也还是会感到不舒服。心理和谐与否对人的健康也会起到极其重要的作用。心理和谐有助于人处于功能良好的有机体之中，应保持心理健康。心理健康是指在身体、智能及情感上与他人的心理健康不相矛盾的范围内，将个人心境发展成最佳状态。心理健康的人不仅能够充分地发挥自己的潜能，而且能够理智地处理好人与自我、人与他人以及人与外部环境之间的相互关系。大学生是未来的建设者和接班人，健康的心理素质是不可缺少的条件。全世界各国对大学生心理健康工作都给予了高度重视，并且进行了相关的科学研究，劳动教育在一定程度上可以帮助解决大学生的心理困扰，创造大学生心理的幸福感，并且预防大学生心理疾病，达到心理健康的目标。马克思指出劳动本身是幸福的源泉，人类就是自身幸福的创造者。人想要获取幸福需要自身通过劳动实践来获取，人的自我发展和幸福都是在劳动实践过程中产生的。大学生通过参加劳动，在改善自己身体状况的同时，也在劳动过程中锻炼了自己的心智，增加幸福感，祛除可能的心理抑郁，保持心理健康。

高校学生无论参与何种劳动，都在一定程度上作用于劳动者的心理。学生的心理状态和其在某些劳动过程的质量有关。学生可以通过劳动开启心理智能，达到保持心理健康的目的。人的心理健康和身体健康具有同等重要的地位。劳动教育可以使学生体会到劳动创造幸福生活，认同劳动不分高低，喜欢劳动，尊重所有劳动者，拥有正能量的劳动精神，最终具有和谐、美德和判断力的心智，对促进大学生心理健康的可持续发展具有重要作用。乔纳森·萨弗兰·福尔（Jonathan Safran Foer）在《特别响，非常近》中描写心理创伤后的失语症患者状态："我以前并不沉默。我曾经说啊说啊说啊说啊，我不能闭上我的嘴。但有一天沉默像癌症一样征服了我……我从没想到过我是个安静的人，更不会沉默，我从来没想到过任何事情。一切都改变了，楔入我和我的幸福之间的不是世界，不是炸弹和燃烧的建筑物，而是我自己，我的思考，这种无法舍弃的癌症。……我想啊想啊想

啊，我把自己从幸福中想出来了一百万次，却一次也没有把自己想进幸福中去。"①心理创伤患者承受着无法言说的伤痛，虽然努力尝试寻找述说的方式和解脱的途径，但是真的很困难。劳动可以帮助大学生获得心理的和谐和幸福，有利于促进大学生心理健康的可持续发展。

三、新时代劳动教育有利于大学生专业课程学习的可持续发展

不同专业学习会产生不同的学生发展效应，对专业课程学习的研究应当从"外部比较""结果比较"转向"内部解析""机制分析"。"与其探析不同专业之间的学生发展差异，不如深究这种差异背后所蕴含的原因"，并且，"应该深入到专业内部的学生深度学习方法中去，并探讨不同专业间学生的深度学习方法的差异，这样才能找到专业间学生发展差异的原因"。②大学生专业课程学习高度复杂，学习方法非常重要，劳动有利于掌握深度学习的方法。劳动创造了人本身。劳动是人类进化的唯一方法。恩格斯在《劳动在从猿到人转变过程中的作用》一文中，详细描述了劳动在人类从猿进化为人的过程中所发挥的决定性作用。为了把双手解放出来用于劳动活动，人类祖先学会直立行走；为了分享劳动过程中的信息，人类开始掌握语言；随着人类的不断进化，会创造和使用劳动工具，把人类社会与猿群世界彻底区分开来。③劳动教育培养大学生"动脑思考、动手实践"的创新思想与实际应用能力，激发劳动热情，开阔眼界和思维，促进大学生专业课程学习。大学生在劳动实践过程中，结合自己的学科专业，适应科技人文的发展，善于从事高、精、尖、新的学习和劳动，两者紧密结合，创造性地研究和解决实际问题。

高校学生参加与专业课程有关的企事业单位的研发、实习、咨询以及创新创业竞赛等劳动，学以致用、"劳""学"相长，互相促进。劳动教育引导更多学生参与和专业课程学习相关的劳动，能够激发学生的学习潜能，更好地完成专业课程的学习，同时也为将来的就业和进一步学习打下坚实的基础。大学生专业课程学习也是获取劳动知识的重要途径，专业课程教育结合或渗透劳动教育对促进大学生专业课程学习的可持续发展具有重要

---

① 乔纳森·萨福兰·弗尔著；杜先菊译.特别响，非常近[M].上海：上海文艺出版社，2016.
② 王文婷著.高校劳动教育理论与实践研究[M].吉林出版集团股份有限公司，2022.
③ 恩格斯著；中共中央马克思恩格斯列宁斯大林著作编译局译.劳动在从猿到人转变过程中的作用[M].北京：人民出版社，1971.

作用。安托万·德·圣·埃克苏佩里（Antoine de Saint-Exupéry）在《小王子》中说道："大人们叫我把画有巨蟒的作品，无论是'外视图'，还是'内视图'，放到一边，将所有心思用在学习地理、历史、算术和语法上。就这样，我放弃了当画家这个有可能成为我伟大职业的梦想。'一号画作'和'二号画作'的先后碰壁让我心灰意冷。大人们永远没有半点独立理解能力，而我也懒得随时随地向他们耐心解释。"①培养德才兼备的高层次人才是高等学校的历史使命和根本职能，也是高校区别于其他社会组织的本质特征。如果要大学生变成顺从而教条的学习者，教育者会使用单一的教育方法。如果要让大学生具有独立的批判性思维并且具有丰富的想象力，就应当采用多元的教育方式。劳动教育可以丰富已有的专业教育方法，在高校开展完整的劳动教育有利于促进大学生专业课程学习的可持续发展。

四、新时代劳动教育有利于大学生社会主义核心价值观的可持续发展

核心价值观奠定了国家制度的道义基础，决定着一个社会的主导价值，堪称兴国之魂。党的十八大提出，倡导富强、民主、文明、和谐，倡导自由、平等、公正、法治，倡导爱国、敬业、诚信、友善，积极培育和践行社会主义核心价值观。富强、民主、文明、和谐是国家层面的价值目标，自由、平等、公正、法治是社会层面的价值取向，爱国、敬业、诚信、友善是公民个人层面的价值准则，这24字是社会主义核心价值观的基本内容。随着中国特色社会主义进入新时代，中国社会也发生了前所未有的深刻变化，其中文化发展呈现出新的特征、新的矛盾，在全球化浪潮中文化环境的失衡、社会急剧变迁下文化传承的断裂以及新媒体带来的传播方式蜕变，这些都对人们的价值观产生了很大的冲击。大学生作为新时代的年轻人，对价值观选择存在一定的困惑。劳动教育从宣传倡导"尊重劳动、劳动最光荣、劳动最伟大、劳动最美丽"到提出"爱劳动""以劳动托起中国梦"；从倡导弘扬劳动精神、劳模精神、工匠精神到提出"社会主义是干出来的，新时代是干出来的""实干才能梦想成真"等新劳动价值观，社会主义核心价值观可以在新劳动观的基础上得到发扬光大，有助于解决大学生的困惑，发挥个人专业特长，坚定社会主义核心价值观。

高校学生参加劳动，可提升生存发展需要的基本劳动能力，形成爱劳动的好习惯，在劳动过程中树立马克思主义劳动观，坚持社会主义核心价

---

① 安托万·德·圣·埃克苏佩里著.小王子[M].上海：华东理工大学出版社，2021.

值观。劳动教育对新时代坚持和发展中国特色社会主义、实现中华民族伟大复兴、帮助年轻人树立正确的价值观有十分重要的意义,对促进大学生社会主义核心价值观的可持续发展具有重要作用。研究者认为:劳动教育价值取向从物质性的、技术性的功利追求开始有意识地走向超验性的人的自由、尊严,美的维度。不断超越将劳动教育单纯视为技能训练的认识局限,尊重"完整的人"的精神世界和情感世界,使人自觉到劳动教育是彰显生活意义的个体实现过程,是人类的本质的回归。新时代劳动教育价值取向彰显了正确的劳动观,弘扬社会主义核心价值观,在高校开展完整的劳动教育有利于促进大学生社会主义核心价值观的可持续发展。

第三章 高校劳动教育模式研究

第一节 以学生为中心的高校劳动教育模式

中共中央、国务院相继印发了一系列文件，提出坚持"五育并举"教育方针，全面发展素质教育。"五育"应该有主次、先后和侧重之分，才能更好地、有计划性地开展，才能真正提高素质教育水平。"五育"中的劳动教育有独特的育人价值和综合育人价值，劳动可以培养尊重劳动的良好思想品德；能够锻炼人的体能和意志；可以培育人的情操……因此，在高校必须加强对劳动教育地位和作用的认识，全面推进劳动教育的实施。

一、高校开展劳动教育的重要性

（一）劳动教育为我国优秀人才储备夯实了基础

当今社会对高素质人才的要求越发严格，要求学生德智体美劳全面发展。劳动教育应贯穿优秀人才培育的整个过程，这对劳动技能的提高和劳动意识的加强至关重要。高校开展劳动教育要理论联系实践，把两者进行充分结合，在劳动实践活动中让学生检验自己，帮助学生提高劳动技能，帮助大学生树立科学的人生观与价值观，以实现培养综合性优秀人才的教育目标。

（二）劳动教育可以帮助学生更好地融入社会

脑力劳动与体力劳动都重要，都值得尊重。高校学生在校期间应主动参加劳动，以体力劳动为主，踏踏实实地劳动，在劳动过程中出力流汗，既可以提高学生的身体素质，又可以磨炼学生的意志，真正理解劳动实践的重要性。积极接受劳动教育，树立劳动最光荣的思想，对学生进入社会有十分重要的意义。

（三）劳动教育推动学生全面发展

以劳动教育为载体是学生全面发展过程的关键所在，其具有树德、增智、强体、育美的育人价值。在劳动教育上，应重视生活中的劳动实践机会，将专业教育与劳动教育进行有机融合，把劳动教育渗透到教学过程中，鼓励师生开展校内外劳动实践，培养劳动意识，弘扬劳动精神，引导学生崇尚劳动、尊重劳动、热爱劳动，在实践过程中对学生进行全面培养。

二、以学生为中心的高校劳动教育存在的问题

（一）学生缺乏劳动意识

随着微信、微博、抖音等各种社交媒体的普遍使用，当代大学生生活在自由开放的网络新时代，同时也带来了多元价值观的碰撞。处于青年阶段的高职学生对"网红""富二代"的态度呈现出羡慕与妒忌的现象，个人主义、享乐主义、拜金主义等社会思潮深刻影响着学生的成长，甚至还有少数学生出现了轻视劳动、不愿意劳动或不会劳动的现象。因此，社会环境对于学生劳动意识、劳动精神的培养至关重要。

（二）学生劳动意识不强

第一，高校对培育学生的劳动意识不重视，过于注重专业理论知识的传授，致使学生实践能力差，直接影响学生的就业。对于还处于身心发展中的学生而言，理论知识学习固然重要，但劳动实践的重要性也不可忽视。其一，理论联系实际，可以检验理论知识的正确性。其二，只有真正投入到体力劳动中，才能体会到劳动的艰辛，更珍惜劳动成果，更尊重劳动者。第二，学校未能设立足够的劳动教育课程，一部分高校虽已经开设，但是课程内容没有跟上时代步伐，教学理念过于单一、传统，教学模式较为落后……这些因素既影响着学生对劳动教育的重视程度，也影响着劳动教育教学的效果。

（三）学生身体素质下降

身体素质直接影响学生的劳动能力，优良的身体素质既有利于促进学生的劳动实践，提高劳动能力，也有助于促进社会的发展。但是，近年来学生身体素质呈下降趋势。从实际情况来看，影响学生体质下降的重要因素就是运动不足、缺少劳动。现在的学生多为00后，在家里养尊处优，生活自理能力差，缺少劳动技能训练，导致学生劳动能力和生活能力正走"下

坡路"。国家《关于全面加强新时代大中小学劳动教育的意见》的颁布与实施，倡导学生走出宿舍、迈向操场、走进自然，提高学生的劳动技能和劳动意识。

三、以学生为中心的高校劳动教育模式路径选择

新时代高校劳动教育过程中应以德为先，重视学生多元化发展，做到共同建设开发、共同分享成果、互惠互利。在精准掌握以学生为中心的高校劳动教育本质基础之上，对教育模式进行革新，贯彻立德树人原则，为高校学生厚植劳动情怀、提高劳动素养等方面提供坚实支柱，树立劳动最光荣、劳动最伟大的观念。将德智体美劳五大教育进行更深层次的融合，切实提升高校学生的文明素养；将社会实践和课堂教育教学密切融合，使学生的劳动技能得以提高，全面提升学生的创造力；将终身教育和劳动教育进行有机结合，促进实现国家、社会、校园、家庭的紧密结合，形成共享共建的教育格局，实现劳动教育的可持续发展。增强高校劳动教育需要全员出动，应做到以学生为中心，突出目标导向、重视顶层设计，重视从过程性、多方位的角度进行劳动教育工作。

（一）全员参与，重视发挥主体作用

良好的学风能使学生内化成一种积极向上的精神驱动力，可以帮助学生形成崇高的道德品质、科学的人生观和价值观，同时也对学生自身的发展有重要影响。全员参与就是要动员全部力量，发挥学校、家庭、社会的育人功能，帮助学校改善学风，从优良的学风中唤醒学生的劳动教育意识。学校是劳动教育的主阵地，但家庭教育、社会教育都必不可缺。只有学校、家庭和社会各司其职、相互配合、取长补短，才能增强高校学生的劳动意识，使高校学生的实践能力得以提升。第一，发挥家庭教育基础作用。从家长入手，通过家长会、班级群等平台宣传劳动教育的重要性，帮助家长重新塑造正确的劳动观念，引导家长推行生活化劳动教育。第二，充分发挥学校教育的主导作用。除了选择传统课堂授课方式、校园文化活动等形式进行劳动教育，还可以通过互联网技术创建网络劳动教学平台，启动线上课程，丰富劳动教育模式，使劳动教育高质量进行。除此之外，结合专业特点，根据市场以及用人单位对人才的实际需求，将线上与线下教育充分融合，引导学生在多元化平台活动中加强劳动意识，继而提高其职业技能。譬如，教育专业的学生可以到当地学校进行实习工作，在实际工作岗

位中实践锻炼,充分发挥岗位职能,立足本职工作。在加强劳动教育质量的过程中,培养学生恪守岗位、吃苦耐劳的高尚品德,增强责任心。第三,发挥社会教育的支持作用。社会实践是对高校学生进行素质教育的关键,不仅要大力宣扬劳模精神、工匠精神以及日常生活中劳模的优秀事迹,加强学生对劳动和劳动工作者的感性认识,还应不断开发社会劳动资源,引导学生积极参与各类校外劳动活动、志愿者服务活动,鼓励学生到福利机构、企业去锻炼,在实际劳动中增强本领,激发学生的责任心与奉献精神。高校劳动教育是一项复杂且系统的工作,应遵循以学生为中心,全员参与其中,共同推动劳动教育的发展。

(二)全过程追踪,筑牢劳动教育基座

学校应充分发挥劳动教育主阵地的作用,配合家庭、社会"三位一体"、多元协同、整体融通式的三全育人,画好劳动教育的"同心圆"。学校的全过程育人就是在学生入学、学业中期、毕业等阶段,通过教育与自我教育实现育人目的。首先,在入学前夕,学生应做好思想上的准备,帮助大一新生形成正确的劳动价值观。学校应根据学生实际情况,结合学校的规章制度、校训等校园文化,借助校园公众号、校园网站等,构建优良的劳动教育环境。还可以通过设立与日常生活相关的劳动技能课堂,分享与劳动相关的小知识,增强日常生活与劳动教育的融合,强化劳动光荣理念,做到德技并修,帮助学生能尽早融入大学生活。其次,在大二、大三时期,劳动教育应以劳动精神培养以及劳动技能锻炼为主,注重提高学生必备的劳动技能,开设劳动实践与教学相关的活动,让学生在劳动实践中发现自我兴趣并确定专业爱好,最大程度发挥劳动育人功能。再次,高校教育工作者可以从日常劳动入手,支持学生参与到实际的劳动工作中,提醒学生注意劳动中的细节,帮助学生养成良好的劳动习惯,浇筑学生劳动教育根基,使学生的劳动能力得以提升。最后,要求学生进行总结思考,帮助学生在劳动中确认自己的就业方向,为自己的未来职业选择做好充足的准备。

(三)全面推进,丰富劳动教育实践形式

劳动教育的全面渗透可以借助多元化育人载体,切实提升高校劳动教育,以学生为中心开展劳动教育。应将理论与实践联系起来,把课堂教学与实践教学结合,形成全方位的劳动教育模式。首先,高校需加快劳动周或劳动月的设置,在遵循以学生为中心的基础上对劳动周体系进行设计。其一,教育工作者应不断拓展劳动周的活动形式,借助多元化活动共同发

挥作用，加强高校劳动育人效果。其二，合理安排劳动周活动时间。专业课程学习和劳动周时间分配要恰当，既不能霸占学生的学习时间，又要在劳动中给予学生足够的时间实践，让学生能在学习与实践中共同前进。其三，重视劳动实践活动考核评价方式，可以将学生在实践活动中的具体表现作为劳动必修课的考核之一，与学生的成绩和学分挂钩，让学生重视劳动实践活动。其次，高校需加快劳动实践教育基地的建设，整合已有资源，借助多元化方式与事业单位、企业进行务实合作，为高校学生提供多元化劳动实践的空间。学校也可以与其他学校合作，加强学校之间的合作，互帮互助、互利共赢，共同开展劳动教育实践活动，彼此分享劳动教育经验，既能够促进校友之间的关系，又可以减少资源浪费。最后，抓住劳动教育的重点，将其与创新创业教育、实习实训进行有机结合，也可以由教育工作者带队组织学生参加社会实践活动，合理利用校内外实践形式，让高校学生在实际的劳动中切身体会劳动的艰辛与琐碎，体验劳动过程中的协同合作，帮助学生掌握劳动技能、培养劳动习惯以及树立劳动意识，加强学生对劳动精神、工匠精神的认同感，学会懂生活、会生活、爱生活，引导学生自主地将劳动与成长相结合，促进学生优良劳动习惯的形成。

　　随着中国特色社会主义进入新时代，弘扬劳动精神至关重要。大学生作为新时代的"主力军"，理应加强自身的劳动意识，弘扬劳动精神。劳动教育既是思想政治教育的重要组成部分，还是一门人生大课。高校应将专业课程与劳动教育进行结合，通过多元化的教育形式，拓宽高校学生对劳动的认知，帮助学生形成完整的认知体系。

第二节　高校劳动教育与思政教育模式

　　经济的快速增长逐渐促进了我国教育事业的发展，教育活动的开展，不仅仅培养出专业技能型人才，更重要的是培养出德、育、体、美、劳全部优秀的人才。想要达到这一目的，高校必须要在传统教育模式的基础上，构建出以劳动教育与思政教育相结合的育人模式。基于此，笔者通过对劳动教育与思政教育的简单介绍，进而分析了劳动教育与思政教育结合的育人意义，并提出了具体的构建思路，以促进我国高校更好地对人才进行培养。

　　现代社会发展的过程中，人才是核心竞争力，能确保企业具有一批综合素质较高的人才队伍，能够推动其向着更好的方向发展。而高校作为人才主要的培养机构，直接关系到人才的培养质量，应在我国教育改革的大背景下，结合社会对人才的需求情况，有效将劳动教育与思政教育结合到一起，构建出全新的育人模式。因此，对高校劳动教育与思政教育结合育人模式的构建进行研究具有重要意义，为高校培养出更加优秀的人才奠定良好基础。

一、劳动教育与思政教育概述

劳动教育是我国高校教育活动当中的重要组成部分，通过该教学活动的开展，培养出学生科学的劳动价值观，使其在生活与学习中热爱劳动与劳动人民，形成良好的劳动习惯，以劳动为荣，以懒惰为耻；避免学生出现好逸恶劳、不劳而获等现象，从而推动学生全面发展。思想政治教育也是高校教学活动中的主要内容之一，指的是教师以相应的思想理念为基础，不断促进学生的身心发展，一方面，学生可以培养出良好的生活习惯，如尊老爱幼、节约勤俭等，另一方面，还能够使学生形成不同的心理倾向，使学生养成科学的责任观与价值观，并掌握法律、道德等多方面的内容，为其未来更好地学习与发展提供帮助。

二、高校劳动教育与思政教育结合育人的意义

目前，我国很多高校依然采用传统的教学模式，即在向学生传授大量理论知识的基础上，逐渐提升学生的实践能力，以确保学生可以有效参与到实际工作中。而对于劳动教育来说，是理论知识与实践能力有效融合的载体，学生掌握一些劳动知识后，会在这些知识的影响下，逐渐形成劳动认知，能够积极主动配合教师或其他人员安排的实践劳动。因此，劳动教育在高校教育活动中占据着举足轻重的地位。对我国高校进行深入调查可以发现，虽然大部分高校开展了劳动教育，但其中依然存在一些问题，具体来说，表现在以下三方面：①在高校维度上，领导依然未对劳动教育产生较高的重视，并未针对劳动教育的需求，制定出系统化的制度或体系。②学生接受的劳动教育较少，途径非常狭窄，并未形成良好的劳动意识，缺少劳动热情。③现代社会中，大多数学生均生活在娇生惯养的环境内，未能形成劳动观念，经常躲避学校的劳动。

想要转变该现象，高校就要调整学生的思想观念。虽然国家教育部门

在教育改革时，对这一内容有了一定重视，逐渐进行了一些劳动教育改革，但对于这些劳动改革活动来说，大部分为中小学，而从高校层面着手的并不是很多。所以，高校开展劳动教育活动时，有效将思政教育融合进来，构建出一种全新的育人模式，通过该模式的应用，转变学生思想，树立劳动观念，使劳动教育在整个高校教育活动中发挥出更大的作用。此外，大多数劳动活动都是由多人共同完成的，通过新育人模式的应用，可以使学生在劳动当中认识到集体力量的伟大，进而培养出学生的团结合作意识。

三、高校劳动教育与思政教育结合育人模式的构建路径

（一）通过优化人才模式推进劳动教育课程化

高校对人才进行培养时，主要是以社会需求为基础，从课程结构、教学进度等角度出发，构建出不同的培养模式，该模式并非是不变的，而是根据企业对人才的需求不断进行调整的。所以，高校运营时，需要提高对劳动教育的重视程度，转变以往的教学理念，关注劳动教学在学生成长及未来工作中的作用，并从高校的角度出发，在教学课程与人才培养模式内，融入劳动教育相关的内容，以加强对学生的引导。而这一切活动的开展，均需要以良好的劳动课程为前提。高校对学生劳动教育产生关注之后，会不断影响教师的思维，使其在日常教学活动中，能够更加重视对学生的劳动教学，并在教师的帮助下，让学生形成良好的劳动习惯。

具体来说，根据劳动教学的具体要求，采用不同的劳动模式，如劳动讲座、专业劳动等；明确劳动课程的教育内容，并制定相应的教学目标，如通过理论讲解活动，提升学生的劳动理念，通过实践劳动活动，培养学生的劳动习惯等。调整课程时间，逐渐提高劳动课程的节数，一般以 34 节课最佳，其中，理论知识传授课程 6 节课、公益劳动 3 节课、专业劳动 24 节课、劳动感受 1 节课。同时，根据各项教学活动的需求，选择一些劳动能力较强，思想政治水平较高的教师作为任课教师；每学期结束时，教师应按照常规课程一样对学生进行评价，并根据其日常表现及期末评价结果，对其进行评分，若学生大学四年内存在劳动课程不合格的情况，则阻止其毕业，直到劳动课程达到合格以上水平才予以其毕业。

（二）创新思政教育内容加强劳动教育的融合

作为高校人才培养中的关键内容，思政教育以学校提高对劳动教育与人重视程度的基础上，针对不同类型的学生，采取不同的教育方式，通过这些不同教育方式的应用，结合劳动教育这一载体，逐渐对思政教育进行创新，从而为高素质人才的培养奠定良好基础。如高校开展思政教育活动时，加入一些马克思主义劳动关系的内容，并以这些观念为中心，构建出相应的教学案例，这样不仅能够加强对学生的吸引，使其更好地参与到教学活动中，而且扩展了教学内容，帮助学生培养出健康的劳动观；入学教学作为学生步入大学的第一个阶段，直接关系到其未来四年在大学中的生活，通过入学教育的开展，提高学生对大学的了解情况，掌握大学课程设置情况。因此，高校还可在入学教育阶段内，加入一些以劳动为主的教学活动，如校园义务劳动等，学生参加这些劳动活动之后，通过群体之间分享感受，有效将劳动教育与思政教育融合到一起，形成全新的人才培养模式。最后，在学生将要毕业的时候，高校还要安排专业教师进一步对学生进行指引，以确保学生具有较高的劳动素养，并可以将这一素养有效融入实际工作中。

（三）丰富劳动教育类型促进自我教育实现

在我国高校劳动教育中，主要目标是通过劳动课程的开展，实现学生的自我教育。而以往阶段中，很多高校开展劳动教育活动时，课程内容较为单一，且经常使劳动课流于形式，并未从真正意义上实现自我教育。所以，高校要转变上述这一现象，就要丰富劳动教育类型，采用更多的方式完成劳动教育活动。如劳动讲座，可以促进学生形成劳动认知，为劳动的参与进行一定指引；专业劳动，将学生掌握到的理论知识有效融入实际劳动活动，确保学生劳动的合理性；劳动感受的阐述，向他人阐述劳动的艰辛后，不仅可以使自己对劳动产生更加深刻的理解，而且会对他人起到一定指引作用。

综上所述，在我国经济快速发展以及教育不断改革的背景下，想要打造出更加优质的人才，高校必须要将劳动教育与思政教育融合到一起，构建出一种全新的育人模式，通过思政教育活动的开展，逐渐转变学生的理念，并培养出良好的劳动理念与劳动认知，从而为其他学科的学习与未来更好的发展奠定良好基础。

第三节　高校"3+X"劳动教育模式

2020年3月，中共中央、国务院颁布《关于全面加强新时代大中小学劳动教育的意见》。劳动教育作为教育制度的重要内容，是高校立德树人的根本任务。以课程为载体开展劳动教育，是实现学生德智体美劳全面发展的重要途径。将劳动教育课程化，建立科学、合理、规范的课程体系，才能确保劳动教育的有效实施。

一、开展劳动教育课程的必要性

（一）是学生全面发展的需要

近年来，劳动教育在育人过程中逐渐被淡化、弱化。这一现状应该引起社会上下的高度重视。青年一代是祖国的未来和希望，青年强则国家强，要培养国家建设的接班人，就要加强劳动教育，通过劳动达到以劳树德、以劳增智、以劳健体、以劳育美、以劳创新，在劳动教育中实现学生全面发展。

（二）是高等教育改革发展的必然要求

高校是为国家培养高级专业技术人才和管理人才的重要场所。满足现代社会发展需要的人才必须要具备基本素质和实践能力，那么，培养学生素质能力的最佳途径就是实践。而劳动的根基在实践，劳动的本质是素养能力的提升，所以，只有开展劳动教育，才能使学生在学习与实践中得到德智体美全面发展。因此，将劳动教育纳入人才培养模式，是高等教育综合改革的必然要求。

（三）是大学生专业教育与实践教育相结合的重要途径

现在不少学生专业知识相对充足，但动手能力不足，缺少实践经验，与专业教育形成了"两张皮"。"教育必须与生产劳动相结合"，这是学校教育的基本原则。通过劳动教育，可以使专业教育和实践教育实现有机融合，让学生从"实践—认识—实践"的过程中学习、感悟、启发，不断提升自身的专业水平、实践能力和创新能力。同时，还有助于培养学生的职业荣誉感和追求精益求精的工匠精神。

二、劳动教育课程设置的指导思想和原则

(一)指导思想

以习近平新时代中国特色社会主义思想为指导,全面贯彻党的教育方针,落实全国教育大会精神,坚持立德树人,坚持培育和践行社会主义核心价值观,把劳动教育纳入高校人才培养全过程,贯穿家庭、学校、社会各方面,与德育、智育、体育、美育相融合,把握育人导向,遵循教育规律,积极引导大学生树立劳动观念,激发劳动热情,养成劳动习惯,实现知行合一,成为社会主义合格的建设者。

(二)课程设置的原则

高校劳动教育应不断强化马克思主义劳动观教育,注重围绕创新创业,结合学科专业开展生产劳动和服务性劳动,积累职业经验,培育创造性劳动能力和诚实守信的合法劳动意识。

(1)坚持课程思政教育引领原则。把准劳动教育的价值取向,发挥劳动教育的育人功能,从劳动意识、劳动行为和劳动习惯等方面下功夫,使学生理解并形成马克思主义劳动观,做到热爱劳动、崇尚劳动;在实践中培养学生勇于开拓的创业精神和工匠精神,敢于担当、报效祖国、奉献社会。

(2)坚持全面化、系统化的原则。中共中央、国务院颁布《关于全面加强新时代大中小学劳动教育的意见》,文件要求劳动教育贯穿学生成长全过程,覆盖学习生活全方位,从理论到实践,从课上到课下,从家庭到学校、从学校到社会,从劳动意识培养到劳动习惯养成,最终树立劳动价值观,充分体现了劳动教育是一项全面而系统的教育,是学生全面发展的重要途径。

(3)坚持与专业实践相结合的原则。现代社会需要的是应用型人才,要求具有一定的动手能力和实践能力。高校在培养学生劳动观念的同时,要积极引导学生注重新知识、新技术、新工艺的学习和应用,在劳动中不断探索用新方法解决实际问题,手脑并用,强化实践体验,积累工作经验,让学生在实践中领悟劳动真谛,明晰努力方向和目标,不断提升职业素养。

(4)坚持循序渐进的原则。高校劳动教育区别于中小学劳动教育,中小学侧重于劳动意识、劳动习惯的养成,而高校劳动教育是在中小学劳动教育的基础上,把理论与实践有机结合,让学生在劳动过程中提高对劳动

的认识，并在实践中培养对家庭、对学校、对社会的责任感和爱岗敬业的职业精神，使学生人生观、价值观在劳动中得到升华。

三、构建"3+X"劳动教育模式

（一）"3+X"解读

"3+X"劳动教育模式中的"3"是指学生日常学习、生活的三大领域——学校、社会及家庭，每个领域又包括具体的劳动活动。学校劳动包括校园美化、宿舍内务整理、教室清扫等；社会劳动包括社会公益服务、参与社会治理等方面；家庭劳动则包括生活技能培养与锻炼。"3+X"中的"X"是指根据不同专业的学生开展劳动教育的实施途径，突出开展劳动教育的针对性，如计算机专业的学生可以结合自己的专业走进社区开展小家电维修，为社区居民提供力所能及的便民服务活动。因此，"3+X"劳动教育模式构建体现了普遍性与特殊性相结合、大众化与个性化相结合，基础性与突破性相结合。

（二）课程设计思路

根据劳动教育课程设置的指导思想和原则，结合大学生认知特点，把理论学习和实践学习结合起来，实现知与行的统一。理论教学主要侧重于马克思主义劳动观教育；实践教学包括学校、家庭、社会三大领域的劳动活动，在校学生要在规定的时间内按要求完成必要的基础劳动和突破劳动，重在培养学生良好的劳动意识，养成劳动习惯，培养职业技能，提升社会及家庭责任观和职业精神，使学生在劳动教育中得到全面发展，成为社会主义建设事业的合格接班人。

（三）劳动教育内容

1. 理论教学内容

理论教学内容主要通过课堂教学环节实施。通过教学加强大学生马克思主义劳动观教育，使大学生深刻理解马克思主义劳动观和社会主义劳动关系，培养新时代的工匠精神，以及培育创造性劳动能力和诚实守信的合法劳动意识。

教学内容包括四个部分：第一，人类发展与劳动。马克思认为，物质生产是"一切历史的基本条件"，劳动是人类特有的属性，劳动是人类生存和发展的基础,是一切财富的源泉,也是社会发展的动力。通过学习使学生深入理解劳动对人类历史发展的决定作用,认识劳动的意义,引导学生树立正确的劳动观。第二,最美的劳动者。通过精选纵横古今中外关于劳动教育经典案例的学习,以及分享自身的劳动经历,引导学生培养热爱劳动、崇尚劳动的思想意识,深刻体验劳动带来的快乐、收获和幸福,在分享中感悟精彩人生,争做最美的劳动者。第三,在劳动中创造价值。通过本部分的学习,带领学生探讨不同劳动形态及其价值,逐渐形成尊重劳动、平等对待不同劳动者的价值观,并在辛勤劳动、诚实劳动和创造性劳动中感受劳动的尊严,在劳动实践中实现人生价值。第四,捍卫劳动。通过学习培养学生劳动安全意识,引导学生在劳动中遵守劳动规范,在社会实践劳动、学校日常劳动、家务劳动,以及专业劳动过程中掌握基本要领,遵守劳动纪律,并学会用法律武器维护自己的合法权利。

2. 实践教学内容

实践教学主要是以学校、家庭、社会为主的劳动活动。具体包括以学校日常劳动、专业生产劳动、社会服务劳动、家庭劳动为依托,贯穿大学阶段全过程。除劳动教育必修课程外,其他课程结合学科、专业特点,有机融入劳动教育内容。通过课程教学引导大学生树立正确的劳动观念,在实践中激发劳动热情,养成劳动习惯,培养创新能力和匠人精神,做知行统一的社会主义合格的建设者。

四、劳动教育的实施路径

将劳动教育作为大学生的公共必修课纳入学校人才培养方案,优化课程设置,形成具有综合性、实践性、开放性、针对性的课程体系。针对不同年级、不同专业类型的学生特点,以日常生活劳动、专业劳动和社会服务性劳动为主要内容开展课程教学。其中,理论课安排大一学生第一学期开设,以教师课堂讲授为主,通过系统的知识讲授启发学生,并组织学生开展线上和线下讨论,让学生在聆听与互动中领悟劳动的作用和意义。

实践课以学校日常劳动、专业生产劳动、社会服务劳动、家庭劳动为依托,贯穿大学阶段全过程。根据劳动教育实践课的性质和要求,坚持鼓励先进、树立典型、支持创新的原则,将实践课分为基础劳动和突破劳动两方面,各教学单位可以结合各专业特点设置劳动活动。

(1)学校生活劳动——美丽校园的守护者。学校生活劳动主要指学生日常生活学习环境的清扫与保洁，包括校园卫生、宿舍卫生、教室卫生等。校园卫生是各教学单位根据学校划分的公共卫生区域，是安排班级轮流打扫和保持卫生的区域；宿舍卫生包括宿舍内和宿舍楼公共区卫生两部分，宿舍内卫生由本宿舍学生负责，公共区域卫生根据安排轮流值勤和保洁；教室卫生根据学院安排分组轮流进行。本着自立自强的原则，学校应积极鼓励学生参加勤工助学和校内志愿服务，如校园文明执勤员、餐厅监督员等。同时，学校还可以结合爱国卫生月、植树节、学雷锋纪念日、五一劳动节等开展各类劳动主题教育活动，将劳动教育常态化，把培养大学生劳动品质融入校园文化建设。

（2）专业生产劳动——工匠精神的传承者。充分利用学校创新创业教育资源，结合学科和专业特点开展专业生产劳动，主要包括实习实训、专业服务、社会实践等，使学生在实践中获取新知识、新技术、新工艺、新方法，创造性地解决实际问题，不断增强诚实劳动意识，积累职业经验，提升就业创业能力，在实践中培养艰苦奋斗和奉献的精神。比如，学生利用节假日开展社会勤工助学，既可以锻炼自己，也能为家庭解决一定的经济负担；还可以运用自己的专业知识进行实践训练，用专业技术为自己和他人解决生活问题，使专业技能在劳动中得到进一步提升。

（3）社会服务劳动——社会关爱的传播者。鼓励学生成为注册志愿者，积极参加形式多样的社会公益活动，把为社会献爱心为社会服务作为学习生活的一部分。大学生在课余时间，可以深入城乡社区、福利院等公共场所开展公益劳动，参与社区治理；也可以利用寒暑假进行社会实践，考察民情体察生活；在社会重大灾害事件发生时，在确保自身安全的情况下，学生积极参与社会志愿服务和社会治理等，不断提升学生的社会责任感和使命感。

（4）家庭基础劳动——家庭责任的践行者。引导学生摒弃在家里好逸恶劳的享受心理，自觉培养独立生活的能力，要掌握基本的家务劳动技能和生活技能，自己动手，丰衣足食；扮演好自己的角色，学会与家庭成员和谐相处，做好和谐家庭的"润滑剂"；在力所能及的范围内，参与家庭建设，为父母分忧，如打扫卫生、洗衣做饭、修修补补，在分担家务中体验生活的不易、父母的艰辛、家庭的责任，同时在劳动过程中也能增添生活的情趣，感受家庭的幸福与快乐。

五、劳动教育实施过程考核与评价

（一）建立劳动教育管理、考核评价机制

科学、健全的管理机制是大学生开展劳动教育有效落实的重要保障。第一，成立劳动教育领导小组，由主管校领导任组长，建立劳动教育管理机构，并组建一支专业师资队伍，承担全校劳动教育的教学和管理任务。第二，制定教学、管理、服务相结合的管理体制，出台相应的总体规划和实施细则，统筹相关劳动教学工作，保障高校劳动教育能够落地落实。第三，加强劳动教育资源开发，建立劳动教育场地和实践基地的建设。第四，完善考核评价机制，将劳动教育课的成绩纳入学生的学业成绩，作为学生考核重要的部分记入学生档案。

（二）加快劳动教育信息化建设

依托信息化手段对学生劳动教育进行组织和管理。通过开发信息化管理平台、全流程信息化管理、线上线下联动指导学生开展教育活动。利用信息化加强教学管理，对学生的教学过程进行全流程信息化管理，包括课前考勤、教学督导和课后的评测，以及劳动实践活动开展情况，学生成绩评定等环节实施过程管理，并利用信息手段对学生劳动教育效果进行评价与反馈。同时，辅导员及劳动指导教师还可以通过线上线下联动指导学生开展劳动实践活动。

总之，劳动教育是高校开展"立德树人"的重要途径，要使"3+X"劳动教育模式顺利推进，需要学校各单位统筹协调和加快学校劳动教育场所设施的建设。同时，还需要得到社会各界和家庭的大力支持和配合，只有这样才能使高校劳动教育落地落实。

第四节 高校创新创业教育与劳动教育融合模式

《关于全面加强新时代大中小学劳动教育的意见》已经中央全面深化改革委员会审议通过，与劳动教育紧密结合、打造创新创业教育升级版，成为当前高校创新创业教育的重要任务。高校创新创业教育和劳动教育都是为了解决高等教育人才培养与社会需求脱节问题而进行的理念更新与模式

变革，其面向未来工作世界、劳动世界培养人才的共同取向，使二者在结构上具有很强的内在关联性。从同构共生的系统思维看，二者在教育目标上的互利性、教育内容上的关联性、方式方法上的共通性和师资队伍上的互借性，为二者的紧密结合、同构共生提供了内在可能性与必要性。在实践中，可通过"进阶式"教育目标设计、"呼应式"课程体系设置、"贯通性"实践体验训练、"一体化"师资队伍建设，实现二者紧密结合、双向深化。

通过中国知网平台检索可以发现，在"五育平台"建设中，创新创业教育与思想政治教育、专业教育相结合的研究是最多的，截至2019年11月底，相关期刊论文分别达到了150余篇和400余篇，有关研究对创新创业教育和思想政治教育、专业教育相结合的意义、目标、内容、机制、方式等进行了全面而深入的探讨；还有2篇论文探讨了美育与创新创业教育结合的价值；另有2篇文章探讨了体育教学中融入创新创业教育的路径和普通高校体育教学资源与学生创新创业教育的融合；但劳动教育与创新创业教育相结合的探讨仍属空白。那么，劳动教育与创新创业教育究竟能不能结合？怎样结合？对这一问题的探讨与思考，对深化新时代高校劳动教育和创新创业教育具有重要现实意义。本节将在明晰创新创业教育和劳动教育概念内涵的基础上，从同构共生的系统思维出发，深入探讨创新创业教育与劳动教育的内在关联性，探讨二者紧密结合的可行路径。

一、创新创业教育与劳动教育的概念内涵交叉重叠

创新创业教育是以培养具有创新精神、创业意识、创业能力和社会责任感的开拓型人才为目标的一种新的教学理念与模式。其核心教育内容不是教会大学生"如何创办企业"，而是使大学生能像企业家一样思考与行为，具备将来从事不同职业所需的知识、技能和特质，主要包括：辨别生活中机遇的能力，产生新想法和组合必需资源、抓住机遇的能力，创办和管理新企业的能力，不囿于常规的批判性思维能力。创新创业教育不仅是高等教育主动适应经济社会发展的迫切要求，也是高等教育自身改革发展的迫切要求，是新时期大学生素质教育的新突破，是高校人才培养模式的新方法、新探索。它要求高等学校以培养引领社会发展的开拓型人才为目标，不断更新教育观念，改革人才培养模式，将人才培养、科学研究、社会服务紧密结合起来，实现从注重知识传授向注重知识应用与能力养成转变，切实提高人才培养质量。

高校劳动教育是顺应新时代劳动发展趋势，对大学生进行系统的劳动思想教育、劳动技能培育与劳动实践锻炼，全面提高大学生劳动素养的过程，其目的是引导新时代大学生在劳动创造中追求幸福感、获得创新灵感，培养具有社会责任感、创新精神和实践能力的高级专门人才。通过对劳动教育的概念梳理可以发现，劳动教育既可以理解为"关于劳动的教育"，如培养学生热爱劳动和劳动人民的情感、正确的劳动观念和劳动态度，养成良好的劳动习惯，具备胜任生产劳动的基本知识、技能等，也可以理解为"通过劳动的教育"，即让学生通过生产劳动的实际锻炼，全面提升德智体美等方面素质。完整的劳动教育应该是"关于劳动的教育"与"通过劳动的教育"的有机统一，既要强调关于劳动的思想教育、知识技能培育，又要注重劳动实践锻炼。

因此，作为新时代高等教育人才培养体系的重要组成部分，高校创新创业教育和劳动教育都是为了解决高等教育人才培养与社会需求脱节问题而进行的理念更新与模式变革，都特别强调与新时代劳动发展趋势紧密结合，面向未来工作世界、劳动世界培养人才，都特别注重培养大学生的社会责任感、创新精神和实践能力。甚至在某种意义上可以把创新创业教育理解为高校劳动教育的重要组成部分或重要实践模式之一。每个学生都是不同的个体，在思想意识、专业知识、学习能力、兴趣爱好、心理品质等方面都存在差异。

高等教育阶段是大学生走向职场的最后一步训练，其教育的核心目标就是全面提高大学生适应甚至引领未来职业发展的各方面劳动素养。因此，从价值取向上，可将高校劳动教育分为两部分——提高大学生就业素养的劳动教育和提高大学生创业素养的劳动教育，后者无疑就是创新创业教育的核心任务。

二、创新创业教育与劳动教育同构共生的内在关联性

所谓同构共生，是指两个系统之间在某些结构上具有相对的一致性或可相互借用的共同要素，且两者之间存在积极的相互依存关系，并通过相互影响形成新的结构，达到互利共生、共同发展的效果。也就是说，同构共生关系得以建立的前提是，两个系统在结构上具有相对的一致性或可相互借用的共同要素。创新创业教育和劳动教育概念内涵上的交叉重叠性说明，它们本身就是一个事物的不同表现方面，因为核心目标与侧重点的不

同而表现出不同的形态，但在结构上具有高度的内在关联性使二者在客观上具备了紧密结合、同构共生的可能性。

（一）教育目标上的互利性

创新创业教育的本质目标是培育企业家精神。著名经济学家汪丁丁认为，一个理想的企业家除了需要具备熊彼特所说的"创新精神"，还需要具备两种精神：一是韦伯所说的"敬业精神"，将兢兢业业、勤勉节俭、诚实守法、尽职尽责地"赚钱"视为自己的天职。二是诺斯基于新制度主义经济学而提出的"合作精神"，善于从事人类合作的制度创新或者是合作秩序的拓展。因为，企业家不同于商人或老板，他们不仅要善于发现商机，更要具有正确的人生价值观和高度的社会责任感。真正的企业家，既要善于发现并利用市场机会，不断地通过"创造性破坏"获得利润，又要满怀使命感，视经营好企业为天职，正确处理好个人、企业与社会的关系，树立回报社会的人生观，诚实、守信、勤劳、敬业的职业观和克制、节俭的财富观。真正的企业家必然崇尚劳动、尊重劳动，由衷地认同劳动最光荣、最崇高、最伟大、最美丽的道理，愿意兢兢业业地通过自己的辛勤劳动、诚实劳动、创造性劳动发家致富，并积极承担社会责任，尊重劳动者，乐于与其他劳动者合作追求利润、创造财富、共享成果。同时，企业家所需具备的"创新精神"更是新时代创造性劳动的一种典型表现。创新创业教育与劳动教育相结合，有利于引导国人跳出将劳动仅仅理解为普通体力劳动的偏见，站在劳动发展新业态的高度重新看待劳动，深刻认识新时代劳动的脑力化与创造性本质。

可见，创新创业教育与劳动教育的目标具有明显的互利性。劳动教育与创新创业教育的紧密结合，既能为创新创业教育提供正确的价值引领，又能推动劳动教育的理念更新。

（二）教育内容上的关联性

四川大学创新创业教育改革成功的重要经验之一是从知识、能力、品质、本领四方面系统搭建创新创业训练的内容体系。在创新创业知识方面，强调从课程和教师抓起，让学生具备扎实的专业基础知识，知晓创新创业的规律、方法和过程；在创新创业能力方面，强调从课堂抓起，培养学生的独立思考能力、协作精神和社会担当能力；在创新创业品质方面，强调从素养抓起，培养学生守法、诚信、担当、奉献的优秀品质；在创新创业实践方面，强调从平台抓起，让学生在多元化、高端性实践平台中历练创新创业本领。

中国劳动关系学院将创新创业教育纳入课程教育体系和人才培养方案，由专业教师开设创新创业教育课程，企业高管担任校外导师，校企合作建立实践基地，创业就业指导中心组织跟进各类创业实践活动，逐步形成立体化、多层次的创新创业教育模式。

我们认为，高校劳动教育的内容也应该包括三个维度——劳动思想教育、劳动知识技能教育与劳动实践锻炼。在劳动思想教育方面，要特别强调通过马克思主义劳动思想、习近平总书记关于劳动的重要论述和新时代劳动价值观的深入学习，引导学生深刻体认劳动的永恒价值、由衷地理解并认同"劳动最光荣、劳动最崇高、劳动最伟大、劳动最美丽"的真理性含义。在劳动知识技能教育方面，不仅要让学生扎实掌握专业知识与技能，更要普及与大学生未来职业发展密切相关的劳动科学知识，如劳动关系协调、劳动法律、劳动经济与管理、劳动与社会保障、劳动安全与卫生、劳动心理健康等。

在劳动实践锻炼方面，要把劳动教育融入广阔的第二课堂活动，全面推进劳动教育与大学生社会实践、志愿服务、创新创业教育、职业生涯教育、就业指导及校园文化的结合，通过多种形式的劳动实践锻炼，全面历练大学生的劳动能力，培养积极的劳动情感态度和正确劳动价值观。

劳动教育的三个维度都与创新创业教育存在密切的关联性。在劳动思想教育方面，对劳动价值的深刻体认、对劳动的积极情感态度、对劳动者及其劳动过程与成果的尊重等，与学生守法、诚信、担当、奉献的优秀创新创业品质息息相关。

在劳动技能培育方面，扎实的专业知识基础是劳动教育和创新创业教育的共同关注点，而必要的劳动科学知识更是创新创业教育中大学生申请创办企业、加强新创企业的风险防范和组织管理应必备的知识。麦可思的调查也显示：市场营销的知识与技术、企业管理的知识与技术、财税金融知识、法律与政策方面的知识都是大学生创业者自我评价的非常重要的学校创业教育内容。

在实践锻炼方面，劳动教育强调让学生结合生产生活实践进行锻炼，以劳树德、以劳增智、以劳健体、以劳育美、以劳创新，全面提高大学生素质，这一点与创新创业教育的实践训练异曲同工。

（三）方式方法上的共通性

对劳动教育而言，实践性一直是其重要特征，苏霍姆林斯基就认为："劳动教育是对年轻一代参加社会生产的实际训练。"[1]陶行知也把劳动教育视为教育年轻人"在劳力上劳心"的实践活动。在人工智能来临时代，劳动教育的实践性特征显得更为宝贵，它有助于年轻一代走出人工智能带来的"幻象"，"回归生活自身，回归大自然，回归真实世界，使学生有机会直接面对现象，面对'实事'而可能去'求是'，这是理解世界的机会，是颠覆性创新的机会"。[2]因此，今天高校劳动教育在组织形式上应格外强调实践导向的学习，努力加强学术学习与学生未来专业工作预期之间的联系。劳动教育与创新创业教育所更具有的实践性学习特点，决定了可以为二者搭建共同的实践平台，引导大学生走进工作世界、投身劳动生活。

实际上，无论是创新创业教育还是劳动教育，都需要建立一支多元化、复合型的师资队伍。这两支队伍均需要三方面的力量：一是既懂学科专业理论又懂专业操作实务的"双师型"专业教师。二是谙熟创新创业或劳动教育的学科知识与教育规律的"专业化"专职教师。三是由各行各业校外优秀实务人员组成的"社会型"兼职教师。可见，两支师资队伍的结构具有高度相似性。同时，无论是创新创业教育还是劳动教育，在本质上都是为了提高大学生适应未来工作世界的能力，都需要指导教师能够很好地将学生当前的理论学习与未来的发展需要结合起来，两支队伍的素质要求也是基本一致的。因此，创新创业教育与劳动教育的师资队伍具有明显的可互借性，打造一支高素质的师资队伍，可同时带动两方面教育质量的提高。

三、创新创业教育与劳动教育同构共生的实践路径

依据创新创业教育与劳动教育结构上的内在关联性，在实践中，可考虑从以下四方面寻求二者紧密结合的有效路径，进行统筹设计，实现二者互利共生、双向深化。

（一）"进阶式"教育目标设计

摒弃对创新创业教育目标的狭隘化、功利化认识，结合新时代社会发展需要和教育规律，循序渐进地设定融劳动价值观塑造和创业意识、创新

---

[1] 苏霍姆林斯基著；王梅译.如何养育内心富足的孩子[M].北京：开明出版社，2022.
[2] 陶行知.陶行知自述[M].济南：泰山出版社，2022.

精神、创业能力培养为一体的"进阶式"大创新创业教育目标观。以劳动价值观的塑造作为创新创业教育的基础性目标，夯实新时代大学生的敬业精神、合作精神、诚信意识、责任意识等优良创业素质的培养，在此基础上依次进阶，设计创业意识培养目标、创新精神培养目标、创业能力培养目标，切实提高新时代大学生从事创造性劳动的能力和水平。

（二）"呼应式"课程体系设置

"面向全体""结合专业""融入人才培养全过程"的基本要求，决定了创新创业教育应是一种面向全体的"普遍性"教育与针对少数的"专业性"教育双轨并行的"广谱式"教育。这种"广谱式"创新创业教育体系，既强调"全覆盖"，又体现"分层次"和"差异化"，包括四部分：一是面向全体学生开展"通识型"创新创业启蒙教育。二是结合专业和学科特点，开展"嵌入型"创新创业教育。三是针对有明确创业愿望的学生进行"专业型"创业管理教育，提升创业实战技能；四是对初创企业者开展"职业型"创新创业教育，以职业化培训体系帮助创业者度过企业初创期。

劳动教育作为面向全体大学生的普遍性教育，可有效呼应、充实"通识型"创新创业教育和"嵌入型"创新创业教育的课程体系。在创新创业教育启蒙阶段，除开设创新创业通识类课程外，还可配合开设劳动通论等劳育类通识课程，"明创业之理"与"明劳动之理"有机结合，为大学生企业家精神的培养打好基础。在"嵌入型"创新创业教育阶段，可结合各专业特点强化本专业的劳动伦理品德教育、劳动法律法规教育及劳动发展趋势与就业趋势教育，助推学生更好地结合专业学习识别创业机会、预测创业风险、强化创业管理。

（三）"贯通性"实践体验训练

创新创业教育强调"做中学"，这种"做中学"应该是体系化的、贯通性的，而不是散点式的"游击战"。同样，劳动教育也需要实践性学习，但这种实践性学习绝不是简单的、浅尝辄止的形式化劳动体验，而应该在系统化的劳动实践锻炼中增进知识、技能，培养深厚的劳动情感。因此，创新创业教育与劳动教育均应提倡"贯通性"实践体验训练。依据体验式学习的四阶段——具体体验、观察反思、概念的抽象化、主动检验，贯通性系统设计体验学习的每一个环节。比如，欧洲青年企业联盟大学生创业实践成功的基本经验就是提供"做中学"的良性体验式学习循环：第一步，学生通过青年企业进行真实的创业体验。第二步，接受市场检验、反馈，进入创业反思观察学习阶段。第三步，青年企业联盟为学生提供兼职专家教师指导，进行创业反思后的再次理论学习。第四步，再次学习之后的再次实践检验。

（四）"一体化"师资队伍建设

创新创业教育师资与劳动教育师资的可互借性，决定了各高校可将劳动教育的师资与双创教育的师资合二为一，进行"一体化"建设，达到一举两得、事半功倍的效果。在"双师型"专业教师培养上，要进一步深化校企合作、科教融合、产教融合，鼓励和支持专业课教师深入一线参与生产和管理实践，进行产学结合的研发、教学；在"专业化"专职教师培养上，要把艰苦创业教育培训与必要的劳动科学培训结合起来，培养既懂创业知识又懂劳动发展规律的专职教师；在"社会型"兼职教师队伍建设上，要使各行业领域的科学家、院士、大国工匠、劳动模范、成功创业者、优秀企业家等各类新时代劳动精英进校园活动常态化、机制化、多样化，在各种不同类型的行业精英的示范引领下，实现劳动价值观、创业意识、创新精神、创业能力的一体化培养。

第五节 "三全育人"视域下劳动教育模式

"三全育人"概念的提出，要求各高校要进一步完善体制机制，不断进行经验总结，劳动教育在其影响下，要不断挖掘选树先进典型，打造在高校内外具有广泛影响力、有亮点、有成效的育人典范。在劳动教育过程中，要不断加强对外宣传，强化营造育人氛围，通过中青网、学习强国等国家级媒体大力宣传育人的理念、做法和成效等，扩大育人实效。"三全育人"是新时代背景下突出人才培养质量、彰显学生生命力的又一重要举措，而劳动教育在培养德智体美劳全面发展的社会主义接班人中处于突出位置，如何在"三全育人"改革下有效地彰显劳动教育的创造价值，是本篇文章的研究重点。

一、"三全育人"视域下加强劳动教育的意义

(一)加强劳动教育是落实"三全育人"的现实要求

构建全员、全程、全方位的育人格局,是新时代高校不断完善育人实效、建立健全立德树人落实机制、形成高质量人才培养方案的核心任务。基于社会主义核心价值观,将立德树人贯穿于"三全育人"始终,将培养综合素质全面发展的社会主义接班人作为紧要任务。在培育时代新人的社会实践活动中,形成具有高度自觉性、紧密性和融洽性的立体化育人有机体。

为更好地贯彻落实"三全育人"的时代意义,加大劳动教育是顺应教育发展的实际举措。引导全体教师树立育人主动性,保持高度思想自觉和行动自觉,引导全体教师加入到"三全育人"改革体制中,不分学工,不分教学,不割裂条块,不个人主义,加快高校教育改革的发展。这既是对学校现有治理体系的重新整合,也是在新时代要求下的改革创新。

(二)加强劳动教育是社会主义建设事业对大学生发展的内在要求

新时代的高校青年学生要紧跟时代发展的洪流,加强高校劳动教育,既是"三全育人"教育改革的内在要求,也是加快大学生成长速度的"催化剂"。让青年大学生在劳动中学有所成、学有所长;在奉献中,播撒爱心、志愿服务;在成长中,感受关怀、心系国家。新时代强化劳动的育人功能,必须从思想高度上充分认识劳动教育的政治意义、历史意义、社会意义,引导广大青年学生崇尚劳动价值、追求劳动创造。

二、"三全育人"视域下加强高校劳动教育的路径探索

(一)全员育人,充分发挥个体的作用

高校应当统筹规划好劳动教育的培养计划,利用好劳动教育实践育人的资源,使高校全员协同育人,形成巨大的合力,有助于劳动育人成效的提升。高校教师应当各尽其职,在不同岗位上根据课程性质、岗位职能的区别,有机融入劳动教育的教学观念与课程内容。

高校教师要坚持以学生主体为中心,切勿把劳动教育等同于生产流水

线，充分发挥"双师型"教师、学工老师、教学专业老师的主观能动性，努力发现并呵护学生的创新创造。为此，高校应加强劳动教育评价体系的构建，将劳动教育评价体系和教师职称评定等挂钩，加强教师指导。

"术业有专攻"，高校应当重视对大学生专业技能的培养，这不但需要专业课教师传授相关的职业技能技巧，更需要专业课老师传递正确积极的职业观念，尤其要深入挖掘所蕴含的劳动教育课程元素。在课堂上，理论教学应更加注重精神层面的熏陶，例如，可以通过对该专业领域内的劳动模范事迹进行宣传，带领大学生从前辈的亲身经历、英勇事迹中汲取力量。此外，教学也要注重时间的力量，在专业课实习实训等实践服务之中突出行动的力量，实现教育教学中的全面覆盖。

高校辅导员作为开展大学生思想政治教育的核心力量，与学生接触最多、了解最深，发挥着不可替代的作用。以学生日常生活中遇到的问题为案例加大对学生劳动观念的传播，更有针对性地将更新大学生劳动理念、推动创新型劳动发展作为着力点。例如，在暑期社会实践活动中，高校应当动员或分配好各类老师加入其中，从而确保学生在开展活动中能得到及时有力的帮助以及劳动意识教育观念的灌输；充分调动学生党员、入党积极分子、团学学生干部、班团干部等力量，提供选题方向指南，让少部分的优秀同学带动班级其他更多的同学参与其中，形成由点到面的劳动教育辐射带动。

（二）全程育人，构建劳动教育体系

1. 全程育人，遵循人才培养规律

年级上，高校教师要引导各年级学生积极加入劳动教育，拓宽视野，提高认知，充分利用第二课堂打造劳动专栏思想政治价值引领。专业上，学生要充分发挥专业特色，紧密结合专业技能，提高专业素养，强化思维度，学以致用。实践上，高校通过加强校企合作，注重人才培养质量，将学校学习与户外实践紧密结合，有针对性地培养社会紧缺型人才，应社会所需；加强平台共享，遵从"企业名师进校园，校园名师下实践"的合作理念，让学生多走出去，让企业多走进来，加强感官认知再到下基层实践，循序渐进，培养学生的劳动意识。

2. 健全劳动素养评价制度

学生综合素质考核中应当纳入劳动素养并提高其重要性，激励大学生主动参与劳动，制定好统一的评价标准，全面客观记录课内外劳动过程和

结果，确保记录真实可靠，把劳动素养评价结果作为衡量学生全面发展情况的重要内容，避免学生由于被动地参与劳动而收获甚微。高校通过建立奖励激励机制，对优秀劳动成果进行展示，起到带头示范作用，使大学生综合素质考核中的劳动教育成为评优评先的重要参考和毕业依据。例如，在暑期社会实践活动中，高校应当充分认识实践育人的重要性，细化人才培养方案，制定评价体系，可以给予参加社会实践的学生第二课堂成绩单的认定及一些学分、学时的奖励。

（三）全方位育人，促进多方联动

充分发挥家庭、社会、学校的协作力量，"三位一体"，多方面、多维度地进行劳动教育，让学生从言传身教中受益。

1. 发挥社会的重要作用

开设特色的劳动课程，促进深化产教融合，例如，形成培训、实践基地，使学生劳动意识、劳动技能的培训从校内扩展至校外，积极发挥社会的力量，协调利用各方面资源，为学校劳动教育实践提供支持，扩大学生受益面；鼓励学生走出校园，通过暑期社会实践、青年志愿服务等途径，走入农村、社区，在最基层的地方感受与体验劳动，亲身感受社会主义建设所取得的伟大成就，学习中华民族热爱劳动、艰苦奋斗、勤劳朴素的传统优秀品质；抑或参与到投身打赢脱贫攻坚战，开展实地调研、技能拓展、电商带货、就业服务、医疗扶持、资源对接、信息服务、志智双扶等活动。通过亲身社会体验，使劳动教育变成"行走的课堂"。

2. 发挥家长的重要作用

家校共建是努力培养好每一个青年大学生的重要举措。家庭对孩子的影响是潜移默化的，孩子的行为举止无不反映着家庭的家风，而家长无疑是家风纯正的助长者。家长在教育过程中，不仅要通过劳动典范对孩子进行激励，还要创造条件安排适宜的劳动任务，让其养成劳动习惯、树立劳动意识。同时，父母要带头进行劳动、爱岗敬业、以身作则，树立崇尚劳动的良好家风，例如，爱老敬老等活动，让大学生从家庭氛围中感受到劳动的价值以及传承的可贵，更好地引导子女开展劳动，通过潜移默化的熏陶使子女形成勤劳的品质和良好的劳动习惯。

3. 发挥学校的主导作用，做到全员育人，形成与家庭、社会的联动协同，提高"劳动+教育"的共振性，真正做到优势互补

加大暑期社会实践的育人实效，积极组织学生紧紧围绕传承红色基因、厚植绿色生态、赋能多彩产业等角度，真正做到精确帮扶、积极献言献策，争取更广泛的帮助和支持，让大学生在"三下乡"中真正上好社会的实践课程。

通过加大对学生实践事迹的宣传报道，将学生实践事迹广撒网，让宣传育人成为"人带人"的助手，鼓励大学生积极参与红色教育、支教助农、乡村振兴等社会实践，引导广大青年学生深入基层了解国情、社情、民情，积极投身实践，在实践中深化理论认识，牢固树立"四个自信"，真正做到在基层中展现青年风采，突出责任担当与价值引领，从而加强大学生对劳动精神的认识，促进大学生劳动实践技能的养成。让大学生树立正确的劳动观念，积极参与到实践劳动中，做到有所领悟、有所收获，获得劳动技能的提升。

三、在社会实践中激活劳动教育思政元素

与传统的思想政治教育不同，大学生暑期社会实践是当代思政教育中新颖而又具有重大意义的一门必修功课，有着无可替代的重要地位，是学生参与社会生活的一个重要途径，亦是开展思想政治教育的有效路径，对社会物质文明和精神文明的建设也可起到一定的积极作用。社会实践可以有效弥补学校以往思想政治教育过于死板、不够生动、缺乏吸引力的缺点，有助于创新大学生思想政治教育的内容，切实提高思政育人成效，促进大学生在暑期社会实践中增长才干。

大学生积极参加志愿服务等社会实践，接触人民群众，加深对人民群众的了解，同人民群众建立感情，树立为人民群众服务的思想。这是学生提前为社会贡献力量的极佳机会，也是当代青年帮助社会文明发展的表现，更是增强大学生适应社会、服务社会和维护社会的能力的最好途径。全方位锻炼自己、更新认知、巩固所学，有利于学生培养实际问题的解决能力和增加撰写理论结合实践的报告能力，完成对其自身能力的培养。当代大学生，拥有着丰富的书本知识，但缺少将理论与实际联系的机会。社会实践能有效地帮助大学生走出课堂，在实践中获得经验与情感教育，做到有计划、有目的、有成效的实践。不断加深对社会的

理性了解，对国情的正确认识，增加学生的社会责任感、社会使命感，坚定正确的政治方向。

"三全育人"教育体系下，需要深度学习运用习近平新时代中国特色社会主义思想来指导劳动教育推动工作，紧扣"三全育人"的现实要求，不走"形式主义"，不让劳动教育"浮在上层"。在育人实践中加强总结凝练，不断创新，做到"有思想、有温度、有效果、有影响"，最终形成微观一体化育人体系，让每一名大学生真正上好劳动教育这门课，在实践中知史明理，加速自身全方位快速成长。在实践过程中，时刻践行社会主义核心价值观，中国的社会主义事业是需要依靠全体社会成员共同创造的伟大事业，先从最基本的小事、最基本的个人做起，才能实现中华民族伟大复兴。

第四章 "双高"政策与劳动教育

第一节 "双高"政策的内涵与特点

一、"双一流"建设的政策导向

"双一流"建设是中国高等教育体制改革的重要举措，旨在培养高水平人才、提升高校实力和国际竞争力。这一政策导向的出台，对于推动高等教育的发展和优化高校布局具有重要意义。本节将深入探讨"双一流"建设的政策导向，阐述其背景、目标以及政策实施的路径与成效。

（一）"双一流"建设的背景与意义

1. 改革背景

"双一流"建设是在我国深化高等教育体制改革的背景下提出的。随着社会经济的快速发展，对高素质人才的需求越来越迫切，高等教育体系也面临着提升教育质量和促进创新发展的任务。

2. 政策意义

"双一流"建设旨在通过提升高校办学水平和学科实力，培养更多的高水平创新人才，为国家的创新驱动和高质量发展提供有力支撑。同时，也是优化高等教育资源配置、推动高校内部改革的重要举措。

（二）"双一流"建设的目标与内涵

1. 目标设定

"双一流"建设的核心目标是培养出世界一流的高水平大学和高水平学科，推动我国高等教育走向国际一流。具体而言，目标包括建设若干世界一流大学，培养一批世界一流学科，形成一批有国际影响力的高水平科研机构。

2. 内涵解读

"双一流"建设既涵盖了高校整体水平的提升，也强调了学科建设的重要性。高水平大学建设要求在综合实力、办学特色、人才培养等方面达到世界一流水平；高水平学科建设则要求在学科实力、科研创新、学术影响等方面具有国际竞争力。

（三）"双一流"建设的政策导向与实施路径

1. 资金支持与政策倾斜

国家加大对"双一流"建设的资金支持，设立专项基金，用于支持高水平大学和学科的建设。政策上也给予"双一流"高校和学科一系列优惠政策，如减免税收、增加研究经费等。

2. 人才引进与团队建设

"双一流"建设鼓励高校引进国际一流学者和研究团队，推动学术交流与合作。通过设立特聘教授、杰青计划等，吸引更多高水平人才加盟。

3. 优化学科布局与特色建设

高校在建设过程中要遵循学科发展规律，优化学科布局，注重特色与优势学科的建设。通过建设一流学科，带动整体实力的提升。

4. 科研创新与国际合作

"双一流"建设鼓励高校加强科研创新，提升学术影响力。同时，要积极推进国际合作，开展联合研究、人才培养等，加强国际交流。

（四）"双一流"建设的成效与挑战

1. 成效展现

"双一流"建设在推动高校整体发展和学科提升方面取得了显著成效。一些高校和学科在国际排名和影响力上取得了重大突破，为国家的创新和发展做出了重要贡献。

2. 面临挑战

"双一流"建设在实施过程中也面临一些挑战。高校内部的管理体制、师资队伍建设等方面需要不断优化和提升。同时，国际一流大学的建设也需要更长时间的积累和努力。

(五)"双一流"建设的前景展望

1. 高校内涵式发展

"双一流"建设将促使高校更加注重内涵式发展,提升教育教学质量和研究创新水平,推动高等教育朝着更高层次发展。

2. 国际一流大学的崛起

通过"双一流"建设,我国有望培育出一批具有国际一流水平的大学,提升我国在国际学术界的影响力和话语权。

3. 创新驱动与产业升级

"双一流"建设有助于培养更多高水平的创新人才,推动科技创新和产业升级。通过高校的科研成果转化和产业合作,将科研成果更好地应用于实际生产和社会发展。

4. 教育国际化与文化交流

"双一流"建设鼓励高校加强国际合作与交流,提升学术影响力和国际竞争力。这有助于促进教育国际化,吸引更多国际学生和学者来华学习和研究。

"双一流"建设作为中国高等教育改革的一项重要举措,旨在培养高水平人才、提升高校实力和国际竞争力。通过资金支持、人才引进、学科建设和科研创新等方面的政策导向,"双一流"建设取得了显著的成效,一些高校和学科在国际上取得了重大突破。尽管面临挑战,但在前景展望中,"双一流"建设将推动高校内涵式发展、国际一流大学的崛起、创新驱动和产业升级,以及教育国际化与文化交流。随着政策的不断完善和实施,"双一流"建设将为中国高等教育的进一步发展和提升质量水平注入持续动力,为我国的创新与发展做出更大贡献。

二、人才培养目标与要求

人才是国家发展的重要资源,高质量的人才培养是推动社会进步和创新发展的关键。为了适应不断变化的社会需求和发展趋势,各国纷纷制定人才培养目标和要求。本节将深入探讨人才培养的重要性、人才培养目标的内涵,以及不同领域对人才的要求。

（一）人才培养的重要性

人才培养是国家建设现代化的基础，是推动社会进步和经济发展的重要手段。优质的人才培养不仅关乎个人的发展，也影响着国家的创新能力和竞争力。在全球化和信息化的背景下，培养适应时代变革和国际竞争的人才显得尤为重要。

（二）人才培养目标的内涵

1. 综合素质的培养

现代社会对人才的要求不再局限于专业知识，更加强调综合素质的培养。这包括创新能力、团队合作、沟通能力、领导力等方面的培养，使人才能够在复杂多变的环境中胜任各种工作。

2. 良好的职业素养

人才应具备良好的职业道德和社会责任感。培养学生具备正确的职业价值观、职业操守和社会担当，是现代教育的重要任务。

3. 创新与创业能力的培养

创新是推动社会发展的重要动力，培养创新能力成为人才培养的重要目标。培养学生在专业领域内的创新思维和实践能力，为创业和科技创新提供有力支持。

4. 国际视野与跨文化交流能力

随着全球化的深入发展，培养具有国际视野和跨文化交流能力的人才变得越发重要。人才应能够在国际舞台上胜任各种工作，积极参与国际合作和交流。

（三）不同领域的人才要求

1. 科学技术领域

在科学技术领域，人才要求具备扎实的学科知识和创新能力。他们应能够在科研、技术创新和工程实践中取得突破，推动技术进步和创新发展。

2. 经济管理领域

在经济管理领域，人才要求具备广泛的经济知识和管理能力。他们应能够在企业管理、市场运作和政策制定等方面具有决策能力和创新思维。

3. 文化艺术领域

在文化艺术领域，人才要求具备深厚的艺术修养和创作能力。他们应能够在文化创意产业中涌现出优秀作品，传承和发展优秀的文化传统。

4. 教育医疗领域

在教育医疗领域，人才要求具备良好的人际沟通和服务意识。他们应能够为社会提供优质的教育和医疗服务，关注人类健康和幸福。

（四）人才培养要求的落实与实践

1. 教育体制的改革

要实现高质量的人才培养，需要对教育体制进行深刻改革。这包括课程设置的灵活性、教学方法的创新、评价体系的改进等方面。

2. 实践与实习的重视

培养优秀人才需要将理论与实践相结合。各类实践活动和实习经验可以帮助学生将所学知识应用于实际问题解决中，提升实际操作能力。

3. 多元化的教育模式

为了满足不同领域的人才需求，教育模式应具有多样性。包括传统的课堂教学、在线教育、实验课程等多种教学方式。

4. 产学研结合

将学校、企业和科研机构紧密结合起来，促进产学研结合，为学生提供更多实际项目和实践机会，使人才更具实用性和创新能力。

人才培养目标和要求是国家教育政策的重要组成部分，直接影响着高等教育的质量和社会发展的进程。培养具有综合素质、职业素养、创新能力和国际视野的人才，是适应社会变革和推动经济、科技、文化等各领域发展的基石。通过制定明确的人才培养目标和要求，不同领域可以更好地满足社会的需求，促进人才的全面发展。

在实践中，人才培养目标和要求需要落实到教育体系的各方面，从教学内容、教学方法到评价体系，都需要与目标相契合。一方面，教育体制需要进行改革，以适应不同领域的需求。在培养科学技术领域的人才时，需要加强实验教学、项目实践，培养创新思维和问题解决能力。而在培养文化艺术领域的人才时，应注重创意培养、实际表演等方面的训练。另一方面，实践与实习在人才培养中的重要性不可忽视。通过实际操作，学生可以更好地将所学知识应用于实际问题中，培养实际操作能力和解决问题的能力。

多元化的教育模式也有助于满足不同领域人才的需求。传统的课堂教学在传授理论知识方面仍然不可或缺，但在线教育、实验课程等新兴教育方式也可以丰富学生的学习体验。此外，产学研结合是培养创新能力的重要途径之一。学校、企业和科研机构的合作，可以让学生接触实际项目，了解行业需求，培养创新思维和实际操作能力。

总之，人才培养目标和要求是高等教育发展的指导思想，是实现国家发展战略的重要途径。随着社会的不断变革和发展，人才培养的目标也在不断调整和完善。通过多方面的努力，如教育体制的改革、实践与实习的强化、多元化的教育模式和产学研结合等，可以更好地培养出适应社会需求、具备创新能力和国际视野的高素质人才，为国家的创新发展和全球竞争做出积极贡献。

三、"双高"政策对高校的影响

"双高"政策，即高等教育内涵式发展和高水平学科建设政策，是我国高等教育改革的重要组成部分。通过促进高校内涵发展和学科建设，"双高"政策旨在提升我国高等教育质量，培养更多高素质人才。本节将探讨"双高"政策对高校的影响，包括对教育教学、科研创新、人才培养、学科建设等方面的影响。

（一）提升高校内涵发展

1. 教育教学质量的提升

"双高"政策强调高校的内涵式发展，要求高校不仅仅关注规模扩张，更要注重提升教育教学质量。高校在课程设置、教学方法、教学评价等方面进行优化，致力于培养更具综合素质和创新能力的毕业生。

2. 师资队伍建设的加强

高水平教育需要高水平的师资队伍。"双高"政策鼓励高校引进国内外一流的学者和科研人才，提升教师的教学水平和科研能力。同时，政策也注重对优秀青年教师的培养和支持。

（二）推动科研创新

1. 科研项目的支持

"双高"政策通过加大科研项目的支持力度，鼓励高校开展前沿性和创新性的科研工作。高校可以获得更多的科研经费和资源，推动科研项目的创新和实施。

2. 创新文化的培育

政策鼓励高校营造积极的创新文化，激发教师和学生的创新潜能。高校可以通过组织创新创业竞赛、设立创新实验室等方式，培育创新精神和创新能力。

（三）提升人才培养质量

1. 适应社会需求的人才培养

"双高"政策要求高校适应社会和产业发展的需求，调整人才培养方向和内容。高校将更加注重培养具备实际操作能力、创新能力和实际问题解决能力的毕业生。

2. 职业素养的培养

政策强调培养学生的职业素养和社会责任感。高校将加强职业道德教育，培养学生正确的职业价值观和职业操守，使毕业生在社会中具有良好的社会形象和影响力。

（四）促进学科建设

1. 优势学科的培育

"双高"政策鼓励高校发挥自身的优势，培育一批高水平的优势学科。通过资源整合和人才引进，高校可以在特定领域形成学科优势，提升学科实力和影响力。

2. 交叉学科的融合

政策倡导交叉学科的融合和创新，鼓励不同学科之间的合作和交流。高校可以通过跨学科的研究和教学，培养具有综合素质和跨学科能力的人才。

（五）挑战与展望

1. 需要平衡发展

"双高"政策要求高校在内涵式发展和学科建设之间取得平衡。高校需要在提升教育质量的同时，加强科研创新和学科建设，确保全面发展。

2. 人才培养与社会需求的匹配

"双高"政策强调人才培养与社会需求的紧密结合。高校需要更加准确地把握社会发展趋势，调整培养目标和内容，确保毕业生能够顺利就业和创业。

3. 需要跨学科和国际视野

"双高"政策鼓励高校培养具有跨学科和国际视野的人才。这对高校来说是一个挑战，需要不断拓展合作和交流，引进国际一流的学者和资源，培养学生的全球胜任能力。

4. 持续的改革和创新

"双高"政策是一个持续的过程，需要高校不断进行改革和创新。高校需要在制度机制、教育模式、科研方式等方面进行探索和实践，适应不断变化的社会需求。

"双高"政策对高校的影响是多方面的，涵盖了教育教学、科研创新、人才培养和学科建设等各方面。通过提升高校内涵发展，推动科研创新，提升人才培养质量，促进学科建设，"双高"政策旨在推动我国高等教育的发展和提升。然而，同时也面临一些挑战，如平衡发展、与社会需求匹配、跨学科和国际视野等方面。在未来，高校需要不断适应变革，积极创新，以更高水平的人才培养和学科建设推动我国高等教育向更高层次迈进。

第二节 高校劳动教育的地位与挑战

一、劳动教育的历史演变

劳动教育作为一种教育理念和实践，在人类社会发展的历史长河中扮演着重要的角色。从最早的劳动技能传承到现代的综合素质培养，劳动教育经历了漫长的历史演变。本节将深入探讨劳动教育的历史演变，从不同时期的劳动观念、教育目标、教育模式等方面进行分析。

（一）古代劳动教育

1. 农耕社会的劳动传承

在古代农耕社会，劳动是人类生存和社会发展的基础。父母将自己的劳动技能传承给子女，从事农田耕作、养殖、手工业等。劳动技能的传承不仅是经济生产的需要，也是社会文化传承的一部分。

2. 职业工匠的培养

在古代，许多手工行业由专门的工匠负责，这种传统的手工业培训也是一种形式的劳动教育。年轻人会在工匠的指导下学习具体的手艺和技能，逐步成为熟练的工匠。

（二）近现代劳动教育

1. 工业化进程与职业教育

随着工业化的兴起，劳动力需求急剧增加，职业教育开始受到重视。各种职业学校相继成立，培养工人、技术人员等。这标志着劳动教育从单纯的手工技能传承逐渐转向综合素质培养。

2. 劳动教育与社会主义教育

在社会主义国家，劳动被视为光荣的事业，劳动教育成为教育体系的一部分。学生被鼓励参与生产劳动，培养劳动精神和集体观念。同时，劳动教育也与科学、文化教育紧密结合。

（三）现代劳动教育

1. 综合素质培养的转向

随着社会的发展，劳动教育的目标逐渐从简单的劳动技能培养转向综合素质的培养。现代劳动教育注重培养学生的创新能力、实践能力、团队合作等，以适应快速变化的社会需求。

2. 劳动教育与职业规划

现代劳动教育不仅关注学生的劳动技能，更注重将劳动与职业规划相结合。学生需要了解不同职业的特点、要求，通过劳动教育帮助他们更好地选择适合自己的职业道路。

（四）数字化时代的劳动教育

1. 科技创新与劳动教育

在数字化时代，科技创新正在重塑劳动方式和生产方式。劳动教育需要关注信息技术、人工智能等领域的发展，培养学生的数字化素养和创新能力。

2. 创新思维与实践能力

数字化时代强调创新思维和实践能力的培养。劳动教育应鼓励学生通过实际项目、实践活动，培养解决问题、创新设计的能力。

（五）劳动教育的挑战与前景

1. 教育理念的转变

劳动教育的目标从简单的劳动技能培养逐渐转向综合素质培养，这需要教育理念的转变。教育者需要思考如何在培养技能的同时培养学生的创新和实践能力。

2. 社会需求与教育的匹配

劳动教育需要与社会需求相匹配，培养能够适应社会变革的人才。教育机构需要密切关注产业发展趋势，及时调整教育内容和教学模式。

3. 跨学科和国际化

随着社会的全球化和跨学科的发展，劳动教育也需要适应多元化的需求。学生需要具备跨学科和国际化的能力，能够在不同领域和文化中进行合作。

劳动教育的历史演变体现了人类社会发展的脉络。从最早的劳动技能传承到现代的综合素质培养，劳动教育在不断变革中适应着社会需求。随着数字化时代的到来，劳动教育也面临新的机遇和挑战。在未来，劳动教育需要在以下八方面持续努力：

1. 教育创新

劳动教育需要不断创新教育模式和方法。借助现代技术，如虚拟现实、在线教育等，可以更好地将实际劳动和理论知识相结合，提升学生的实践能力。

2. 跨学科融合

劳动教育需要跨学科的融合，将不同领域的知识和技能有机结合起来。

这可以培养学生的综合素质和创新能力，使他们更具竞争力。

3. 国际化视野

随着全球化的发展，劳动教育也需要培养学生具备国际化视野和跨文化交流能力。学生应能够在国际环境中胜任工作，参与国际合作和交流。

4. 职业规划指导

现代劳动教育应当与职业规划相结合，帮助学生更好地了解不同职业领域，制定合理的职业目标和规划。学生应了解自己的兴趣和优势，选择适合自己的职业道路。

5. 社会责任感培养

劳动教育应当培养学生的社会责任感和公益意识。学生不仅要追求个人发展，还要关注社会问题，为社会做出积极贡献。

6. 融合创新教育与产业需求

劳动教育需要密切关注产业发展的需求，紧密结合实际产业，为学生提供实践机会和项目经验。这有助于学生更好地将所学知识应用于实际生产。

7. 艺术与人文教育的融合

劳动教育不应仅限于技术技能的培养，还应融合艺术与人文教育。这可以培养学生的创造力、情感表达能力，使劳动具有更多的文化内涵。

8. 持续跟进社会发展

劳动教育需要与社会发展紧密相连，持续跟进产业趋势和社会变化。只有在不断适应变化中，劳动教育才能为学生提供真正有价值的能力和知识。

劳动教育的历史演变反映了社会对人才培养的不断需求和变化。从传承劳动技能到培养综合素质，再到面向数字化时代的创新教育，劳动教育在不断拓展自身的同时，也在推动社会发展和进步。在未来，劳动教育需要继续创新、与时俱进，为学生提供全面的发展和成长机会，以适应日新月异的社会环境。

二、"双高"时代劳动教育的挑战

随着社会经济的发展和教育改革的推进，我国进入了"双高"时代，即高等教育内涵式发展和高水平学科建设的时代。在这一背景下，劳动教育作为高等教育的重要组成部分，面临着新的挑战。本节将深入探讨"双高"时代劳动教育面临的挑战，从教育体制、教育理念、教育内容等方面进行分析。

（一）就业观念的转变

1. 就业压力的增大

随着高校毕业生数量的不断增加，就业市场的竞争也日益激烈。许多学生面临着就业压力，希望通过高等教育获得更好的就业机会。这可能导致学生更加关注职业技能的培养，而忽视了劳动教育的重要性。

2. 职业价值观的变化

"双高"时代，职业价值观也在发生变化。部分学生可能更倾向于选择在知识经济领域从事高薪职业，而对于传统的实体产业和劳动型工作持有偏见。这可能影响学生对劳动教育的态度和参与程度。

（二）教育体制的制约

1. 学科分割与综合素质培养

当前的高等教育体制存在学科分割的问题，导致一些学生只注重自己所学专业知识，而缺乏综合素质的培养。劳动教育强调的创新能力、实践能力等素质往往在这种体制下得不到充分发展。

2. 教育目标与实际需求的脱节

一些高校过分追求学术研究和学科建设，忽视了培养学生的实际技能和实践能力。这导致了学生毕业后在实际工作中可能面临与学科知识不匹配的问题，从而使劳动教育与实际需求脱节。

（三）劳动教育的认知偏差

1. 教育观念的滞后

部分人对劳动教育存在认知偏差，认为劳动教育只是传统的职业技能培训，缺乏综合素质培养的重要性。这种滞后的教育观念可能阻碍劳动教育的发展。

2. 社会评价的不足

在社会评价体系中，学术成就往往更受重视，而实际劳动和技能的贡献可能被忽视。这可能导致学生和教育机构对劳动教育投入不足，进而影响劳动教育的发展。

（四）教育内容的更新

1. 传统与现代技能的平衡

劳动教育需要在传承传统技能的同时，适应现代社会的需求。一些传统技能可能不再适应现代产业的发展，劳动教育需要及时更新内容，培养学生适应新兴行业的能力。

2. 技术创新与实践能力培养

随着科技的不断进步，劳动教育需要更加关注技术创新能力的培养。学生不仅需要掌握基本技能，还需要具备创新思维和实践能力，以应对不断变化的技术需求。

（五）社会认可与支持

1. 劳动教育地位的提升

尽管劳动教育在综合素质培养中具有重要地位，但在社会认可和支持方面仍存在一些不足。一些人可能更看重学术研究和理论知识，而忽视实际技能的重要性，这可能导致劳动教育在教育体系中地位不够突出。

2. 社会资源的投入

劳动教育需要更多的社会资源的投入，包括技术、资金、设施等方面的支持。如果社会资源不足，劳动教育的质量和水平可能受到限制，影响学生的培养效果。

（六）跨学科与综合能力培养

1. 跨学科与综合能力的培养

"双高"时代劳动教育需要更加强调跨学科的综合能力培养。随着科技的发展，许多领域的知识和技能相互交叉，学生需要具备多学科的综合能力，才能更好地适应社会需求。

2. 实践能力与创新能力的平衡

劳动教育既要注重实践能力的培养，也要强调创新能力的培养。在现代社会，创新能力成为越来越重要的竞争力，学生需要在实践中不断探索、创新，而不仅仅是单纯地应用已有技能。

（七）数字化时代的挑战

1. 技术与劳动的融合

数字化时代，技术正在改变传统的劳动方式。劳动教育需要将技术与实际劳动融合，培养学生在数字化环境下的实践能力和创新能力。

2. 数字素养与信息安全教育

随着数字化的普及，劳动者需要具备一定的数字素养，能够操作各类数字工具和平台。同时，信息安全也成为一个重要的问题，劳动教育需要注重信息安全意识的培养。

（八）教育与产业需求的衔接

1. 就业市场的变化

"双高"时代，产业结构和需求在不断变化，就业市场也在发生变化。劳动教育需要密切关注产业趋势，及时调整教育内容，确保学生毕业后能够适应就业市场的需求。

2. 产学研结合的推进

劳动教育需要加强与企业和科研机构的合作，实现产学研的紧密结合。这有助于学生更好地了解实际工作环境，提前获得实践经验，增强就业竞争力。

"双高"时代劳动教育面临着诸多挑战，从就业观念的转变、教育体制的制约到教育内容的更新等方面都需要克服困难，积极应对。只有通过改革创新，调整教育理念，加强社会支持，强化综合能力培养，劳动教育才能更好地适应社会发展的需要，为学生的全面发展和未来就业创造更多机会和可能。

三、劳动教育与综合素质培养的关系

随着社会的发展和教育理念的变革，劳动教育和综合素质培养逐渐成为高等教育的重要组成部分。劳动教育强调学生通过实际劳动培养实践能力和创新能力，而综合素质培养强调培养学生全面发展的各种素质。本节将深入探讨劳动教育与综合素质培养的关系，分析二者的相互影响和互补关系。

（一）劳动教育的核心内容

1. 实践能力的培养

劳动教育强调学生通过实际劳动锻炼，培养实践能力。学生通过亲身参与劳动活动，学会运用所学知识解决实际问题，提高实际操作技能。

2. 创新能力的培养

劳动教育注重学生的创新能力培养。在实际劳动中，学生需要解决各种问题，培养创新思维，寻找新的解决方案，从而提升创新能力。

3. 团队合作与沟通能力

劳动教育促使学生参与团队合作，与他人协作完成任务。这不仅培养了学生的团队合作意识，还提高了沟通和协调能力。

4. 实践与理论的结合

劳动教育强调实践与理论的结合。学生在实际劳动中将所学的理论知识应用于实际操作，深化了对知识的理解和运用。

（二）综合素质培养的内涵

1. 学科知识的全面发展

综合素质培养强调学生在多个学科领域都要有一定的知识储备。这有助于培养学生的综合思维能力，使他们能够在不同领域中具备较高的能力和竞争力。

2. 创新能力、领导能力等素质的培养

综合素质培养还包括培养学生的创新能力、领导能力、沟通能力、问题解决能力等。这些素质将帮助学生在各种情况下都能够胜任工作和社会生活中的各种挑战。

3. 人文素养的提升

综合素质培养注重培养学生的人文素养，包括道德情操、文化修养、社会责任感等。这有助于学生成为具有社会价值观和社会责任感的公民。

4. 终身学习与自我发展能力

综合素质培养追求学生的终身学习能力，使其具备不断学习和自我发展的动力和能力。这将使学生能够适应社会不断变化的需求，保持竞争力。

（三）劳动教育与综合素质培养的关系

1. 劳动教育是综合素质培养的重要途径

劳动教育是培养学生综合素质的重要途径之一。通过参与劳动，学生不仅能够培养实践能力、创新能力等，还能够锻炼团队合作、沟通协调等素质。

2. 劳动教育强调实践与理论的结合

综合素质培养强调实践与理论的结合，而劳动教育正是这种结合的典范。学生在劳动实践中将学到的理论知识应用于实际，从而深化对知识的理解和运用。这有助于学生将抽象的理论转化为实际操作，培养他们更全面的素质。

3. 劳动教育促使学生全面成长

劳动教育不仅仅关注学生的技能培养，更关注学生的全面成长。在劳动过程中，学生将面临各种问题和挑战，需要运用多种能力来解决。这有助于培养学生的综合素质，使他们更具竞争力。

4. 劳动教育与综合素质的互补关系

劳动教育和综合素质培养并不是相互独立的，而是相互补充的关系。劳动教育强调实际操作和创新能力，可以为学生综合素质培养提供更实际的平台；而综合素质培养注重知识结构的全面性，有助于学生更好地应用于劳动实践。

（四）实践案例：劳动教育与综合素质培养的结合

1. 创新创业实践项目

学校开设创新创业实践项目，要求学生团队自主设计、制作、推广产品。在实践过程中，学生需要运用多学科知识，培养创新思维和实际操作能力，同时也需要团队协作、沟通协调等综合素质。

2. 社会实践与公益活动

学生参与社会实践和公益活动，为社区提供服务。这不仅锻炼了学生的实践能力和团队合作能力，还培养了他们的社会责任感和人文素养。

3. 实验课程与实际应用

在科学类课程中，引入实验环节，让学生亲自动手进行实验操作。这不仅巩固了理论知识，还培养了学生的实践能力和创新思维，促使他们更好地将所学应用于实际问题的解决。

(五) 劳动教育与综合素质培养面临的挑战

1. 教育体制的限制

在传统教育体制下,劳动教育和综合素质培养往往受到一定的限制。学校可能更注重学科知识的传授,忽视了实际技能的培养和全面素质的培养。

2. 教师角色和能力的调整

劳动教育和综合素质培养要求教师不仅具备传授知识的能力,还需要引导学生进行实际操作、培养创新思维等。这需要教师不断提升自己的能力和素养。

3. 社会认知和价值观的调整

在一些地区和人群中,仍然存在认为劳动教育和综合素质培养不如传统学科知识重要的观念。需要通过舆论引导、教育宣传等途径,改变这种认知。

劳动教育与综合素质培养有着密切的关系,二者相互影响、相互促进。劳动教育注重实际操作、创新能力等方面的培养,有助于学生更好地实现综合素质的全面发展;综合素质培养则强调学生全面的素质培养,为学生更好地参与劳动实践提供了理论和综合能力支持。在高等教育的发展中,劳动教育与综合素质培养的有机结合,将为培养具有创新精神、实践能力和社会责任感的高素质人才提供更有力的支撑。

第五章　劳动教育课程体系分析

第一节　劳动教育课程体系的构成

一、劳动技能培训课程

劳动技能培训课程作为教育体系的一部分，旨在培养学生实际操作能力、提升职业素养，以适应现代社会对多样化技能需求的挑战。随着科技的进步和产业的发展，劳动技能培训课程越发重要。本节将深入探讨劳动技能培训课程的意义、内容设计和实施方法等方面。

（一）劳动技能培训课程的意义

1. 适应社会需求

现代社会对多种劳动技能的需求日益增加。从传统的手工技能到现代的数字化、自动化技术，各种领域都需要具备特定技能的人才。劳动技能培训课程可以帮助学生掌握实际操作能力，更好地适应社会需求。

2. 提升就业竞争力

劳动技能是就业市场中的重要资本之一。具备实际操作技能的人才在求职中更具竞争力，能够更快地适应工作环境并展现自己的价值。

3. 培养综合素质

劳动技能培训课程不仅注重技术层面的培养，还强调综合素质的培养。在实际操作中，学生需要展现团队协作、沟通协调、问题解决等综合能力。

4. 探索兴趣与潜能

劳动技能培训课程为学生提供了尝试不同领域的机会，帮助他们发现自己的兴趣和潜能。这有助于学生更好地规划自己的职业发展道路。

（二）劳动技能培训课程的内容设计

1. 基础技能培训

劳动技能培训课程应包括基础技能的培训，如操作工具、设备和材料的基本知识和技能。这是学生掌握更高级技能的基础。

2. 行业实践技能

针对不同的行业和职业，培训课程应提供特定的实践技能培训。例如，在制造业领域可以包括机械操作、焊接等；在信息技术领域可以包括编程、网络维护等。

3. 安全与环保意识培养

劳动技能培训不仅要注重技能本身，还需要培养学生的安全意识和环保意识。学生需要了解安全操作规范，防范事故发生，同时还应了解环保要求，促进可持续发展。

4. 创新能力培养

劳动技能培训课程不应只是简单的技术操作，还应鼓励学生在实际操作中寻找创新点。这可以培养学生的创新思维和解决问题的能力。

（三）劳动技能培训课程的实施方法

1. 实际操作训练

劳动技能培训最重要的部分是实际操作训练。学生需要亲自动手操作工具、设备，进行实际任务，从而熟悉操作流程和技能要点。

2. 实践项目

通过实践项目，学生可以将所学技能应用于实际问题的解决。例如，在工程类课程中，可以组织学生设计并制作一个简单的机械装置，从而综合运用多种技能。

3. 实验室和实训基地

学校可以建立实验室和实训基地，提供专门的场所进行实际操作训练。这些场所可以模拟真实工作环境，让学生更好地掌握技能。

4. 跨学科融合

劳动技能培训课程可以与其他学科进行融合，促进综合能力的培养。例如，计算机编程与创意设计可以结合，使学生既能编写代码，又能设计出创新的产品。

（四）劳动技能培训课程的发展与创新

1. 数字化技术的应用

随着数字化技术的发展，劳动技能培训课程可以借助虚拟现实、在线模拟等技术手段，使学生在虚拟环境中进行实际操作训练，提高效率和效果。

2. 跨界合作与产业对接

学校可以与相关产业进行合作，将实际操作环境引入课程。学生可以在实际工作场所进行培训，更好地了解行业需求，实现学校教育与产业对接。

3. 创新实践项目

鼓励学生参与创新实践项目，将技能应用于解决实际问题。学生可以参与科研项目、社会创新活动等，通过实际参与，培养创新能力和实践经验。

4. 跨学科与综合能力培养

劳动技能培训课程可以与其他学科进行融合，培养学生的综合能力。例如，将工程技能与创意设计、商业运营等领域相结合，让学生能够更好地应对多样化的挑战。

（五）劳动技能培训课程的挑战与应对

1. 技术更新的速度

随着科技的快速发展，某些技能可能会迅速过时。劳动技能培训课程需要保持与时俱进，随时调整课程内容，确保学生学到的是最新的技术和知识。

2. 教师素质和培训设施

劳动技能培训需要教师具备丰富的实际操作经验，并能够将这些经验传授给学生。同时，实施劳动技能培训还需要配备先进的设施和实验室。

3. 融合能力的培养

劳动技能培训不仅要求学生掌握单一的技能，还需要培养他们的融合能力，能够将不同领域的知识和技能整合运用。这需要学校在课程设计和教学方法上下更多功夫。

4. 培训课程的多样性

不同行业和领域的劳动技能培训需求差异较大，需要针对性地设计课程。学校需要开设多样性的培训课程，满足不同学生的需求。

（六）劳动技能培训课程的前景与影响

1. 就业市场竞争力的提升

具备实际操作技能的毕业生在就业市场上更具竞争力。随着社会对技能人才的需求增加，劳动技能培训课程将为学生提供更多的就业机会。

2. 促进产业升级与创新发展

劳动技能培训课程可以培养一批有实际操作能力的人才，为产业的升级和创新发展提供动力。这些人才可以更好地应用技能，推动产业的创新和进步。

3. 个人发展的多元化

劳动技能培训课程帮助学生发现自己的兴趣和潜能，为个人发展提供更多可能性。学生不仅可以选择传统行业，还可以尝试创业、自主创新等多种发展路径。

4. 教育体系的更新与改革

劳动技能培训课程的开设需要学校教育体系进行更新和改革。这将促进教育理念的转变，强调实际操作能力和综合素质的培养。

劳动技能培训课程在现代社会具有重要意义，可以为学生提供实际操作能力、职业素养和综合素质的培养。随着科技的发展和产业的变革，劳动技能培训课程将不断发展和创新，为培养适应社会需求的多元化人才做出更大的贡献。同时，劳动技能培训课程的推广还需要学校、教师、行业和政府等多方共同努力，为学生的职业发展和社会进步创造更好的环境。

二、创新创业教育课程

在现代社会，创新和创业已成为推动经济发展和社会进步的重要引擎。为培养具有创新精神和创业能力的人才，创新创业教育课程应运而生。本节将深入探讨创新创业教育课程的意义、内容设计以及实施方法等方面。

（一）创新创业教育课程的意义

1. 促进创新思维

创新创业教育课程可以培养学生的创新思维，使他们能够从不同角度看问题，寻找新的解决方案。这有助于学生在各个领域中都能够提出创新的观点和方法。

2. 培养创业意识

创新创业教育课程有助于培养学生的创业意识，使他们能够敏锐地捕捉商机，勇于面对风险，具备创业的勇气和决心。

3. 提升综合素质

创新创业教育不仅注重创新和创业的技能培养，还强调综合素质的培养。学生在实际创新和创业过程中，需要运用团队合作、沟通协调、问题解决等多种综合能力。

4. 推动产业升级

具有创新和创业能力的人才可以推动产业的升级和创新发展。创新创业教育课程可以培养一批有实际操作能力的人才，为产业的创新和进步提供动力。

（二）创新创业教育课程的内容设计

1. 创新思维培养

课程应包括培养学生的创新思维，教授创新方法、创新工具和创新案例，激发学生的创新潜能。

2. 商业模式与计划

学生需要了解不同的商业模式，学习如何制订创业计划、市场分析和竞争策略等，为创业提供坚实的基础。

3. 创意开发与设计

培养学生的创意开发能力，鼓励他们提出新颖的创意。课程可以涵盖设计思维、创意工具的使用等。

4. 风险管理与决策

创业不可避免地伴随着风险，课程应教授风险管理的方法和技巧，培养学生的决策能力。

（三）创新创业教育课程的实施方法

1. 实践项目

创新创业教育应以实践为基础，鼓励学生参与创新创业项目。通过实际操作，学生可以将所学理论应用到实际问题中。

2. 创业导师指导

创新创业教育可以邀请创业导师参与，指导学生制订创业计划、解决实际问题。导师的经验可以帮助学生更好地理解创业的实质。

3. 创业比赛和竞赛

学校可以组织创新创业比赛和竞赛，鼓励学生展现自己的创新成果和创业计划。这不仅激发了学生的创业热情，还可以提升他们的创业技能。

4. 创业实验室和创新中心

学校可以建立创业实验室和创新中心，提供专门的场所和资源供学生进行创新创业实践。这些场所可以促进学生的创新思维和创业能力的培养。

（四）创新创业教育课程的发展与创新

1. 跨学科融合

创新创业教育可以与其他学科进行融合，培养学生的综合能力。例如，将创新创业与工程、设计等领域相结合，让学生能够更好地应对多样化的挑战。

2. 实践项目的深化

学校可以与企业合作，开展实际创业项目。这有助于学生更好地了解市场需求，获取实际创业经验，增加创业成功的可能性。

3. 国际化合作与交流

创新创业教育可以与国际合作伙伴合作，促进国际化的创新创业教育。学生可以参与国际创新创业项目、交流活动，了解不同国家的创新创业环境和经验。

4. 社会资源的整合

学校可以整合社会资源，邀请创业者、投资人、行业专家等参与创新创业教育。他们的实际经验和资源可以为学生提供实用的指导和支持。

（五）创新创业教育课程的挑战与应对

1. 教师素质和经验

创新创业教育需要教师具备丰富的实际创业经验和创新能力。学校需要培训和引进高水平的教师，以提供优质的创新创业教育。

2. 创新环境和资源支持

学校需要提供创新环境和资源支持，包括创新实验室、创业孵化中心等。这需要学校进行投入和建设，以提供学生实践的场所和平台。

3. 风险与失败的接受

创新创业涉及风险和失败，学生需要具备承受压力和挫折的能力。创新创业教育需要帮助学生树立正确的创业心态，培养他们的韧性和逆境应对能力。

4. 教育体制的改革

创新创业教育需要教育体制的改革，强调实践和能力培养。学校需要转变传统的教学模式，注重学生的实际操作和创新能力培养。

（六）创新创业教育课程的前景与影响

1. 人才培养的多样性

创新创业教育课程可以培养不同领域的创新创业人才，涵盖科技、文化、艺术等多个领域。这将为社会各个行业注入更多的创新力量。

2. 经济社会的发展

具有创新和创业能力的人才可以推动经济社会的发展。创新创业教育课程培养出的创业者和创新者将为社会创造更多的价值和就业机会。

3. 产业升级和创新驱动

创新创业教育有助于推动产业的升级和创新驱动。培养一批有实际操作能力的创新创业人才，可以带动产业的创新发展。

4. 教育体制的转型

创新创业教育课程的推广将促使教育体制的转型。教育机构需要更加注重学生的创新能力和实际操作能力的培养，以适应社会发展的需要。

创新创业教育课程在现代社会具有重要意义，可以培养具有创新精神和创业能力的人才。随着经济的发展和社会的变革，创新创业人才将更受社会各界的欢迎和重视。创新创业教育课程的发展不仅需要学校的支持，还需要政府、行业和社会各方共同努力，共同促进创新创业教育的推广和发展。通过持续的努力，创新创业教育将为社会培养更多有创新精神、创业能力和综合素质的人才，为经济发展和社会进步做出积极贡献。同时，创新创业教育课程的优化和创新也需要不断跟进时代的变化，适应不同领域的需求，以确保其持续有效地推动社会的创新与进步。

三、社会实践与实习课程

社会实践与实习课程是高等教育体系中的重要组成部分，旨在让学生在真实社会环境中学以致用，培养实际操作能力和职业素养。通过参与实践和实习活动，学生能够将理论知识与实际经验相结合，为未来的职业生涯做好准备。本节将深入探讨社会实践与实习课程的意义、内容设计以及对学生发展的影响。

（一）社会实践与实习课程的意义

1. 将理论知识应用于实践

社会实践与实习课程能够帮助学生将在课堂上学到的理论知识应用于实际情境中。通过亲身经历和实际操作，学生能够更深刻地理解课程内容，并将知识转化为实际能力。

2. 培养实际操作能力

社会实践与实习课程注重学生的实际操作能力培养。在实际环境中，学生需要应对各种挑战和问题，锻炼自己的实际操作技能。

3. 接触真实职业环境

通过实践和实习，学生可以接触到真实的职业环境，了解不同行业的工作方式和要求。这有助于学生更好地规划自己的职业发展方向。

4. 培养职业素养

社会实践与实习课程还有助于培养学生的职业素养，包括工作态度、沟通能力、团队协作等。这些素养在职场中同样重要。

（二）社会实践与实习课程的内容设计

1. 实践项目选择

社会实践与实习课程的内容可以涵盖多个领域，包括科研、社会服务、企业实习等。学校可以根据不同专业和学生的兴趣，选择适合的实践项目。

2. 实践方案设计

针对不同实践项目，学校需要设计详细的实践方案，包括实践目标、内容安排、时间计划等。这有助于确保实践活动的有序进行。

3. 实践指导和辅导

在实践过程中，学生需要得到专业导师的指导和辅导。导师可以对学生的实践活动进行指导、解答问题，帮助学生更好地完成任务。

4. 实践成果展示

学生需要将实践成果进行展示和总结。这可以通过报告、展览、演示等形式进行，帮助学生反思自己的实践经验并提升表达能力。

（三）社会实践与实习课程的实施方法

1. 实地考察

实地考察是社会实践与实习课程中常见的方法之一。学生可以前往实际场所，观察和体验实际情况，从中获取知识和经验。

2. 实际操作训练

针对不同专业，学生需要进行实际操作训练。这可以是实验室操作、工作流程模拟等，帮助学生熟悉实际工作流程。

3. 企业实习

学生可以参与企业实习，了解企业的运作和管理。通过实际工作，学生可以了解职业需求、培养职业素养。

4. 社会服务活动

学生可以参与社会服务活动，为社会做出贡献。这有助于培养学生的社会责任感和公民意识。

（四）社会实践与实习课程的发展与创新

1. 跨学科融合

社会实践与实习课程可以与其他学科进行融合。例如，将实践活动与创新创业、文化艺术等领域相结合，培养学生的综合素质。

2. 线上线下结合

随着数字化技术的发展，社会实践与实习课程可以借助在线平台进行。学生可以在线学习理论知识，然后在实际环境中应用。

3. 国际化交流与合作

学校可以与国外院校合作，推动国际化的社会实践与实习项目。学生可以参与国际交流，了解不同国家的文化和职业环境。

4. 创新实践项目

鼓励学生参与创新实践项目，将理论知识应用于解决实际问题。学生可以参与科研、创业等项目，培养创新能力和实践经验。

（五）社会实践与实习课程的挑战与应对

1. 实践资源的限制

不同实践项目需要不同的资源支持，可能存在实践资源不足的问题。学校可以通过与企业、社会组织等建立合作关系，获取更多的实践资源。同时，学校还可以鼓励学生积极寻找实践机会，提高他们的实际操作能力。

2. 实践活动的组织和管理

对于大规模的实践活动，可能存在组织和管理上的困难。学校需要制订详细的实践计划，明确活动的安排和流程。同时，建立有效的反馈机制，收集学生的意见和建议，不断优化实践活动。

3. 实践内容与专业匹配

不同专业的学生可能有不同的实践需求。学校需要根据专业特点，设计不同的实践项目，确保实践内容与专业知识相匹配，能够为学生提供有针对性的实际操作能力培养。

4. 实践成果的评估

如何对学生的实践成果进行评估是一个挑战。学校可以制定明确的评估标准，既包括实际操作能力的表现，也包括学生在实践过程中的反思和总结。可以采用多种评估方法，如实践报告、展示、口头答辩等。

（六）社会实践与实习课程的前景与影响

1. 就业竞争力的提升

通过参与实践与实习课程，学生能够在职场中展现出更强的实际操作能力和职业素养。这将提升他们在就业市场中的竞争力，更容易获得优质的工作机会。

2. 职业发展的指引

实践与实习课程有助于学生更好地了解自己的职业兴趣和能力。学生可以通过实际体验，确定自己的职业方向，从而更有针对性地规划职业发展路径。

3. 社会责任感的培养

通过社会实践活动，学生可以了解社会问题和需求，培养社会责任感和公民意识。他们将更加关注社会问题，积极参与公益活动，为社会做出贡献。

4. 教育体制的创新

社会实践与实习课程的推广将促使教育体制的创新。学校需要更加注重实际操作能力和职业素养的培养，为学生提供更多的实践机会和平台。

社会实践与实习课程在高等教育中具有重要地位和意义。通过参与实际操作活动，学生可以将理论知识转化为实际能力，培养职业素养和社会责任感。学校需要不断优化课程设计和实施方法，以确保学生获得丰富的实践经验。同时，社会实践与实习课程的发展也需要学校、企业、社会组织等多方的共同合作，为学生的综合素质培养和职业发展创造更好的环境。

第二节　劳动教育课程目标的设定

一、技能培养与知识传授的平衡

高等教育旨在培养具有全面素质和实际能力的人才，而在教育过程中，技能培养与知识传授之间的平衡成为一个重要的议题。传授知识可以帮助学生建立坚实的学科基础,而培养实际技能能够使他们更好地适应职场需求。本节将深入探讨技能培养与知识传授的平衡,探讨如何在高等教育中达到这种平衡,以培养更具综合素质的人才。

(一)知识传授的重要性与挑战

1. 知识传授的作用

知识是人类文明的宝库,具有丰富的历史、文化、科学和技术知识。传授知识可以帮助学生建立学科基础、拓宽视野、培养批判性思维和问题解决能力。

2. 教育体制的压力

传统的教育体制往往注重知识传授,追求学生的学科成绩。这可能导致教育过程过于注重考试和分数,忽视了学生的实际操作能力和综合素质的培养。

3. 知识更新的速度

随着科技的发展,知识更新的速度越来越快。传授的知识可能很快就会过时,学生需要具备不断学习和更新知识的能力。

(二)技能培养的重要性与挑战

1. 实际操作能力的需求

在现实职场中,仅具备理论知识是不够的,还需要具备实际操作能力。技能培养能够帮助学生更好地适应职业需求。

2. 技能培养的难度

不同技能的培养可能需要较长时间的实际操作训练。学校需要提供实验室、实践基地等资源,帮助学生进行技能培养。

3. 跨学科技能的培养

现代职场对人才的要求越来越多样化,需要具备跨学科的技能。如何在繁重的学科知识教学中培养出跨学科的实际技能是一个挑战。

(三)技能培养与知识传授的平衡之道

1. 融合教育模式

学校可以采用融合教育模式,将知识传授与技能培养有机结合。例如,在课堂上引入实际案例和实际操作,让学生在理论学习的同时进行实践。

2. 实践项目和实习

通过实践项目和实习，学生可以将所学知识应用于实际操作。学校可以与企业合作，提供实际操作的机会，帮助学生培养实际技能。

3. 跨学科课程设计

学校可以设计跨学科的课程，将不同学科的知识与技能相结合。这有助于培养学生综合素质，使他们既具备理论知识，又具备实际操作能力。

4. 引入新的评估方法

传统的考试评估往往只能测试学生的记忆力和理解能力，难以评估实际技能。学校可以引入项目评估、实践报告等方式，更全面地评估学生的综合素质。

（四）平衡对学生发展的影响

1. 增强就业竞争力

既具备知识传授，又具备实际操作能力的学生更具就业竞争力。他们可以更快地适应职场需求，更好地完成工作任务。

2. 拓展职业发展路径

具备综合素质的学生可以在职业发展中有更多的选择。不仅可以在自己的专业领域内发展，还可以跨界应用所学技能，从而在不同领域中找到更多发展机会。

3. 培养创新能力

平衡技能培养与知识传授可以培养学生的创新能力。在实际操作过程中，学生需要寻找解决问题的创新方法，培养自己的创新思维。

4. 增强综合素质

平衡技能培养与知识传授可以培养学生的综合素质。他们不仅具备丰富的学科知识，还具备实际操作能力、沟通能力、团队合作能力等。

（五）技能培养与知识传授的挑战与应对

1. 教师培训与专业素养

教师需要具备丰富的实际操作经验，才能够进行有效的技能培养。学校可以开展教师培训，提升教师的专业素养，使其更好地指导学生的实际操作训练。

2. 资源投入与管理

技能培养需要实验室、设备等资源支持，而这些资源的投入和管理可能是一个挑战。学校需要合理规划资源分配，确保实践设施的有效使用。

3. 教学方法与创新

如何将知识传授与技能培养有机结合，需要教师创新教学方法。学校可以鼓励教师尝试不同的教学模式，如案例教学、项目教学等。

4. 职业导向与个性发展

技能培养需要根据不同专业和学生的兴趣进行个性化指导。学校可以开设职业规划课程，帮助学生了解自己的职业兴趣和发展方向。

（六）未来发展与影响

1. 教育体制的变革

技能培养与知识传授的平衡将推动教育体制的变革。学校需要从单一的知识传授模式转变为更注重实际操作能力培养的模式，以适应职场的需求。

2. 职业教育的强化

随着技能需求的增加，职业教育将更受重视。技能培养与知识传授的平衡将促使学校强化职业教育，更好地为学生的职业发展做好准备。

3. 综合素质人才的培养

平衡技能培养与知识传授可以培养更具综合素质的人才。未来的职场需要综合素质人才，他们不仅具备专业知识，还具备实际操作能力和创新能力。

4. 教育与产业的紧密结合

知识传授与技能培养的平衡将加强教育与产业的紧密结合。学校与企业可以合作开展实践项目、实习活动，使学生更好地了解行业需求。

在高等教育中，技能培养与知识传授的平衡是一个重要的课题。既要保持对知识传授的重视，又要注重学生的实际操作能力培养。学校需要不断探索创新的教育模式和方法，以实现这种平衡，培养更具综合素质的人才。教育机构可以与企业、社会组织等建立合作伙伴关系，提供更丰富的实践机会和资源支持。同时，教师也需要不断提升自身的教学水平，探索适合技能培养的教学方法，如案例教学、项目教学等。通过共同的努力，可以实现技能培养与知识传授的平衡，为学生的综合素质培养和职业发展创造更好的环境。

二、创新思维与实践能力的培养

在现代社会，创新思维和实践能力已经成为人才培养的重要方向。创新思维能够激发个体的创造力和想象力，而实践能力能够让人们将创新转化为实际成果。本节将深入探讨创新思维与实践能力的重要性，以及如何在教育中培养这些能力，以满足社会对人才的需求。

（一）创新思维的重要性与特点

1. 创新的驱动力

创新思维是推动社会进步和发展的重要驱动力。通过创新思维，人们能够不断寻找新的解决方案、提出新的理念，从而推动科技、经济、文化等领域的发展。

2. 解决问题的能力

创新思维强调从不同角度审视问题，并寻找创新的解决方案。具有创新思维的人能够更快速地找到问题的症结，并提出更有效的解决方案。

3. 跨界融合

创新思维不局限于某个领域，它强调不同领域之间的交叉和融合。通过跨界思考，人们能够将不同领域的知识和经验相结合，创造出全新的创新思维。

（二）创新思维的培养方法

1. 鼓励多元思考

教育应该鼓励学生从多角度思考问题。可以通过开设跨学科课程、讨论课等方式，促进学生多元思考的能力培养。

2. 提供自主探究机会

让学生有机会自主探究，发现问题并提出解决方案。学校可以设置开放性课题，让学生自主选择研究方向，并在实践中培养创新思维。

3. 培养批判性思维

批判性思维是创新思维的基础。学生需要学会质疑和分析，不轻信表面现象,从而培养出更有深度的创新思维。

(三)实践能力的重要性与特点

1. 将创新转化为实际成果

创新思维虽然重要,但只有将创新转化为实际成果,才能产生真正的价值。实践能力能够将创新思维付诸实际行动,实现创新的落地。

2. 提高问题解决能力

实践能力培养了解决实际问题的能力。通过实际操作,人们能够更好地了解问题的本质,并找到更切实可行的解决方法。

3. 培养团队合作精神

实践通常需要团队合作,这培养了人们的协作和沟通能力。在团队中,个体需要相互协调,共同完成任务,从而培养出团队合作精神。

(四)实践能力的培养方法

1. 项目实践

学校可以设置各种实践项目,让学生在实际操作中运用所学知识,锻炼实际操作能力。这可以是科研项目、创业项目等。

2. 实习和实训

通过实习和实训,学生能够进入真实的职业环境,进行实际操作。实习和实训可以帮助学生更好地了解行业需求,培养实际操作能力。

3. 制订解决方案

学生可以在课程中或课外参与实际问题,并提出解决方案。这可以是科研课题、社会问题等。通过制订解决方案,可以培养学生解决问题的能力。

4. 创业活动

创业活动可以锻炼学生的实践能力和创新思维。学生可以通过创业项目,从产品设计到市场推广,全方位地体验创业过程,培养创业意识和实际操作能力。

(五)创新思维与实践能力的共同培养

1. 项目驱动式教学

项目驱动式教学是将创新思维和实践能力有机结合的一种教学模式。通过参与项目,学生可以从实际问题出发,锻炼创新思维和实际操作能力。

2. 跨学科教育

跨学科教育可以促使不同领域的知识相互交融。学生可以在跨学科的环境中，从不同领域获取知识，培养综合素质和创新思维。

3. 基于实践的课程设计

课程设计可以更加注重实际问题的解决。教师可以设计基于实践的课程项目，让学生在解决实际问题的过程中培养创新思维和实践能力。

4. 专业导师指导

专业导师可以提供学生个性化的指导，帮助他们在实践中培养创新思维和实践能力。导师可以引导学生思考问题、提出解决方案，并在实践中给予指导和建议。

（六）创新思维与实践能力的影响与展望

1. 提升职业竞争力

具备创新思维和实践能力的人才更具竞争力。他们能够更快速地适应职场需求，更好地解决实际问题，从而在职业发展中取得更好的成绩。

2. 推动科技创新

创新思维和实践能力是科技创新的基础。只有具备创新思维的人才，才能够推动科技领域的突破和发展，为社会带来更多创新成果。

3. 促进社会进步

创新思维和实践能力能够促进社会的各个领域进步。通过解决实际问题，推动社会问题的解决，创新思维和实践能力为社会进步提供了重要动力。

4. 培养综合素质人才

创新思维和实践能力的培养不仅关注知识和技能，更关注综合素质的培养。这样的人才既具备专业知识，又具备实际操作能力、创新思维和团队合作能力。

创新思维和实践能力的培养是高等教育的重要任务。在知识爆炸的时代，单纯的知识传授已经不足以满足社会对人才的需求。培养创新思维和实践能力，可以让学生更好地适应社会变化，为社会做出更大的贡献。教育机构应该不断创新教育模式和方法，注重培养学生的创新思维和实践能力。教师应该成为学生的引导者和启发者，通过开放性的问题讨论、实践项目、跨学科课程等方式，培养学生的创新意识和实际操作能力。同时，学校与企业、社会组织等可以建立合作关系，为学生提供更多实践机会和平台，让他们能够在实际操作中锻炼创新思维和实践能力。

通过创新思维和实践能力的培养，学生不仅能够在职业领域中取得成功，还能够为社会的发展做出重要贡献。创新思维能够推动科技创新和社会进步，实践能力能够将创新转化为实际成果。因此，教育应该从传统的知识传授模式转变为更注重创新思维和实践能力培养的模式，培养出更具综合素质和创新能力的人才，为社会的可持续发展贡献力量。

第三节 课程内容与教材建设

一、行业前沿知识与技术

随着社会的快速变革和科技的不断进步，高校劳动教育也在不断演变和发展。为了更好地培养学生的综合素质和职业能力，高校劳动教育需要紧跟行业前沿的知识和技术。本节将深入探讨高校劳动教育行业前沿知识与技术，以及如何将其融入教育实践，为学生的职业发展做好准备。

（一）高校劳动教育的现状与挑战

1. 劳动教育的重要性

劳动教育是培养学生实际操作能力和职业素养的重要途径。通过劳动教育，学生可以将所学理论知识转化为实际操作能力，为将来的职业发展打下坚实基础。

2. 需要更多综合素质

现代职场需要综合素质人才，他们不仅具备专业知识，还具备实际操作能力、团队合作能力、创新思维等。劳动教育需要更注重培养这些综合素质。

3. 科技发展对劳动教育的影响

科技的快速发展不仅改变了工作方式，也对劳动教育提出了新的要求。学生需要掌握新的技术和工具，才能更好地适应职场的需求。

（二）行业前沿知识与技术的重要性

1. 跟随职场需求

行业前沿知识和技术通常是职场的需求和趋势。高校劳动教育应该紧密跟随行业发展，为学生提供最新的知识和技能培训。

2. 提高学生竞争力

掌握行业前沿知识和技术可以提高学生的就业竞争力。在求职和工作中，具备新的知识和技能可以让学生更具吸引力。

3. 培养创新能力

行业前沿知识和技术往往涉及创新和新颖的思维方式。通过学习和应用这些知识和技术，学生可以培养创新能力，为职业发展创造更多机会。

（三）高校劳动教育行业前沿知识与技术的内容

1. 数字化技术

在现代职场中，数字化技术已经成为必备的能力。高校劳动教育可以引入数字化技术培训，如数据分析、人工智能、虚拟现实等，让学生掌握数字化工具和技能。

2. 可持续发展

可持续发展是当今社会的重要议题。高校劳动教育可以将可持续发展理念融入课程，培养学生的环保意识和可持续发展的实际操作能力。

3. 跨文化沟通

随着全球化的深入，跨文化沟通能力变得越来越重要。高校劳动教育可以培养学生的跨文化交流技能，使他们能够更好地适应国际化的职场环境。

4. 创新与创业

创新与创业已经成为职业发展的重要方向。高校劳动教育可以引导学生掌握创新思维和创业技能，培养他们成为有创造力的未来创业者和领袖。

（四）融入教育实践的方法与策略

1. 更新课程内容

高校劳动教育可以定期更新课程内容，将行业前沿知识和技术融入课程。这需要教师密切关注行业发展，及时调整教学内容。

2. 开设专业课程

高校可以开设一些专业课程，如数字化技术应用、可持续发展管理等，将行业前沿知识和技术融入其中。这些专业课程可以为学生提供更深入的学习和实践机会，培养他们在特定领域的专业能力。

3. 实践项目和实习

实践项目和实习是将行业前沿知识和技术应用于实际的重要途径。高校可以与企业合作，为学生提供实际项目和实习机会，让他们在实际操作中学习与应用新知识和技术。

4. 跨学科教学

行业前沿知识和技术通常涉及多个学科的交叉。高校劳动教育可以开设跨学科课程，让学生从不同领域获取知识，培养更综合的素质。

（五）挑战与应对策略

1. 资源投入

引入行业前沿知识和技术需要投入更多的资源，包括教师培训、实践设施建设等。高校可以通过与企业、研究机构等合作，共享资源，降低成本。

2. 教师素质提升

教师需要不断提升自身的知识水平，才能教授行业前沿知识和技术。高校可以设立专门的培训计划，帮助教师了解最新的发展动态。

3. 跨学科融合

行业前沿知识和技术通常涉及多个学科的融合。高校需要打破学科壁垒，鼓励不同学科的教师和学生共同参与，促进跨学科融合。

4. 实际操作与理论结合

行业前沿知识和技术需要与实际操作相结合，才能发挥最大的作用。高校可以设计项目、实验等教学活动，让学生将所学知识应用于实际操作。

（六）未来展望与影响

1. 提升学生就业竞争力

掌握行业前沿知识和技术可以提升学生的就业竞争力。在快速变化的职场中，具备新知识和技能的人才更受欢迎。

2. 推动产业创新

高校劳动教育引入行业前沿知识和技术，可以为产业创新提供人才支持。学生毕业后将新知识应用于实际工作，推动产业的创新和发展。

3. 培养综合素质人才

行业前沿知识和技术通常涉及多个领域，培养学生的综合素质。这些人才不仅具备专业知识，还具备创新能力、团队合作能力等。

4. 社会发展的重要力量

高校劳动教育将行业前沿知识和技术融入教学，培养出更具实际操作能力的人才，将成为社会发展的重要力量。这些人才可以解决实际问题，推动社会进步。

行业前沿知识和技术的不断发展，为高校劳动教育提供了新的机遇和挑战。高校应该积极引入行业前沿知识和技术，将其融入教育实践，为学生的职业发展做好准备。通过紧跟行业发展，高校劳动教育可以培养更具实际操作能力和创新思维的人才，为社会的可持续发展做出贡献。

二、跨学科融合的课程设计

劳动教育作为培养学生实际操作能力、职业素养和综合素质的重要途径，逐渐从传统的技能培训发展为更注重综合素质培养和跨学科融合的教育模式。本节将深入探讨劳动教育如何通过跨学科融合的课程设计，促进学生综合素质的提升和实际操作能力的培养。

（一）跨学科融合在劳动教育中的意义

1. 培养综合素质人才

传统的劳动教育注重技能培训，而现代职场更需要具备综合素质的人才。跨学科融合能够让学生从不同领域获取知识，培养出更具综合素质的人才。

2. 解决复杂问题

跨学科融合能够帮助学生从多个角度分析和解决问题。在实际操作中，问题往往不局限于一个学科范畴，需要跨学科的知识来解决。

3. 培养创新思维

不同学科的交叉能够激发学生的创新思维。在跨学科的环境中，学生可以学习借鉴不同领域的思维方式，培养出更具创新性的思维能力。

（二）跨学科融合的课程设计策略

1. 课程整合

将不同学科的内容进行整合，形成一个有机的课程体系。例如，可以将物理、化学、生物等科学学科与劳动实践相结合，设计出跨学科的实验课程。

2. 问题驱动式教学

以实际问题为出发点，让学生从不同学科的角度分析和解决问题。学生需要从多个学科获取信息，整合知识，提出解决方案。

3. 跨学科项目

设计跨学科的项目，让学生在实际操作中运用不同学科的知识。例如，设计一个社会创新项目，学生需要考虑技术、市场、可持续发展等多方面的问题。

4. 跨学科团队合作

鼓励学生组成跨学科的团队，共同完成项目或任务。在团队中，不同学科的成员可以相互补充，提高解决问题的能力。

（三）跨学科融合劳动教育的课程实施

1. 设定学习目标

在课程设计阶段，明确学习目标，既要关注劳动技能的培养，也要注重综合素质的提升。学生需要掌握的知识、技能和能力都要明确界定。

2. 确定学科结合点

在跨学科融合的课程中，需要明确各个学科的结合点。这些结合点可以是问题、任务、项目等，可以在实际操作中体现不同学科的融合。

3. 教学方法多样化

跨学科融合的课程需要采用多样化的教学方法。除了传统的讲授和实践，还可以引入小组讨论、案例分析、实验研究等方式，促进学生不同层面的学习。

4. 评估综合素质

在课程评估中，不仅要关注学生劳动技能的掌握，还要评估他们的综合素质和跨学科融合能力。评估方法可以包括项目报告、团队合作评价等。

(四) 跨学科融合劳动教育的挑战与应对

1. 学科差异

不同学科的内容和方法存在差异,如何将它们有机融合在一起是一个挑战。教师需要深入了解不同学科,找到它们的共同点和联系。

2. 教师培训

跨学科融合需要教师具备更广泛的知识背景。因此,需要为教师提供相关培训,提高他们的跨学科融合能力。

3. 学生适应

学生可能需要适应不同学科的知识和方法。为了让学生更好地适应跨学科教学,教师可以逐步引导,帮助他们建立综合性思维。

(五) 跨学科融合劳动教育的影响与展望

1. 提升学生综合素质

跨学科融合的劳动教育能够提升学生的综合素质,使他们在实际操作中更加全面、灵活地解决问题。

2. 培养创新能力

跨学科的学习和思考能够培养学生的创新能力。他们可以从不同领域获取灵感,将不同的知识和思维方式进行融合,创造出新的解决方案。

3. 促进跨领域合作

跨学科融合的劳动教育可以促进不同学科之间的合作。学生在课程中会接触到来自不同领域的同学,从而培养团队合作和协同工作的能力。

4. 适应复杂职场需求

现代职场需要具备综合素质和跨学科知识的人才。通过跨学科融合的劳动教育,学生将更好地适应复杂多变的职场环境。

5. 推动社会创新

跨学科融合的课程设计能够培养出具备创新思维和解决复杂问题能力的人才。这些人才可以在社会中推动创新和社会问题的解决。

6. 教育模式创新

跨学科融合的劳动教育为传统的课程设计模式带来了创新。教育机构可以借此机会重新审视教学模式,更好地满足学生的综合发展需求。

跨学科融合的课程设计在劳动教育中具有重要意义。它能够培养出综合素质和跨学科能力更强的人才,适应复杂多变的职场需求,促进创新和社会进步。然而,实施跨学科融合的课程设计也面临一些挑战,如学科差异、教师培训等。通过持续的努力和创新,高校劳动教育可以更好地将不同学科的知识和思维融合在一起,为学生的综合发展和职业发展提供更为丰富的教育资源。

三、教材资源的整合与更新

劳动教育作为培养学生实际操作能力、职业素养和综合素质的重要途径,教材资源的整合与更新具有重要意义。随着社会的不断变革和科技的发展,劳动教育需要紧跟时代潮流,更新教材资源,以更好地适应学生的需求和社会的要求。本节将深入探讨如何进行劳动教育教材资源的整合与更新,以提高教育质量和效果。

(一)劳动教育教材资源的整合与更新的意义

1. 适应时代变革

社会在不断变革,技术、工作方式等也在不断更新。教材资源的整合与更新可以使劳动教育更贴近实际,更好地适应时代的变化。

2. 提升教育质量

教材资源的整合与更新可以提高教育质量。优质的教材可以更好地满足学生的需求,提高他们的学习兴趣和积极性。

3. 培养综合素质

劳动教育不仅要关注技能培养,还要培养学生的综合素质。整合多种资源可以让学生从不同角度获取知识,培养更全面的素质。

(二)劳动教育教材资源的整合与更新策略

1. 教材资源整合

将教材资源进行整合,形成有机的课程体系。可以将不同内容、不同学科的资源结合起来,形成更丰富的教材体系。

2. 多样化资源

除了传统的教科书，还可以引入多种形式的教材资源，如视频、网络课程、实践案例等。多样化的资源可以更好地满足不同学生的需求。

3. 行业前沿资源

引入行业前沿的资源，让学生了解最新的技术、趋势和发展。这可以通过与企业合作、参观实地等方式获取。

4. 实践案例资源

实践案例可以将理论知识与实际问题相结合，帮助学生更好地理解和应用知识。教材可以引入丰富的实践案例，让学生在解决问题中学习。

（三）劳动教育教材资源的整合与更新实施

1. 教材评估

在整合和更新教材资源之前，需要对现有教材进行评估。评估教材的内容是否与时代潮流和学生需求相符，是否需要进行更新。

2. 师生参与

教师和学生的参与是教材资源整合与更新的重要环节。教师可以根据自己的教学经验提出建议，学生可以提供反馈意见，共同制定更合适的教材。

3. 更新周期

教材资源的整合与更新应该有一个合理的周期。不同学科、领域的更新周期可能不同，但应该保持适度的频率，以保证教材的时效性。

4. 持续改进

整合与更新教材资源是一个持续不断的过程。教育机构应该不断收集反馈意见，根据教学效果进行调整和改进。

（四）劳动教育教材资源的挑战与应对

1. 教材资源获取

获取优质的教材资源可能会面临困难。教育机构可以通过与企业、研究机构等合作，共享资源，拓宽获取渠道。

2. 教材整合难度

不同学科、领域的教材整合可能存在难度。教师需要具备跨学科的知识,才能更好地进行资源整合。

3. 更新速度

社会变化较快,教材资源的更新速度可能跟不上时代的步伐。为了应对这一挑战,教育机构可以设立教材更新机制,及时收集并整合新的教材资源。

4. 学生适应

学生可能需要适应新的教材资源形式和内容。教师可以通过适当的引导和讲解,帮助学生更好地适应新的学习方式。

(五)劳动教育教材资源整合与更新的影响与展望

1. 提升教育质量

整合与更新教材资源可以提升教育质量,使教育更符合时代需求和学生期望,促进学生更全面的发展。

2. 培养创新能力

多样化的教材资源可以培养学生的创新能力。学生通过不同形式的学习,更容易产生创新思维,解决实际问题。

3. 促进实践应用

实践案例和行业前沿资源的引入,可以促使学生将所学知识应用于实际问题。学生在解决实际问题中更能理解和体验知识的实际价值。

4. 适应职场需求

更新的教材资源可以更好地满足职场的需求。学生在校期间接触到最新的知识和技能,将更好地适应未来的职业发展。

5. 推动教育模式创新

整合与更新教材资源可以推动教育模式的创新。不仅教师需要适应新的教学方式,教育机构也需要调整管理和评价体系。

劳动教育教材资源的整合与更新是适应时代发展和提高教育质量的必然要求。通过多样化、实用性强的教材资源,可以更好地培养学生的综合素质和创新能力,促进他们更好地适应职场和社会的挑战。然而,在整合与更新过程中也可能面临一些挑战,如资源获取、整合难度等。通过合理的策略和持续的努力,教育机构可以有效应对这些挑战,为学生提供更为丰富、实用的劳动教育教材资源。

第六章 劳动教育实施策略

第一节 教学方法与模式创新

一、项目驱动的学习方法

劳动教育作为培养学生实际操作能力、职业素养和综合素质的重要途径,项目驱动的学习方法在其中扮演着重要角色。通过项目驱动的学习,学生可以在实际操作中学习和应用知识,培养解决问题的能力。本节将深入探讨劳动教育项目驱动的学习方法,以及如何在实际教学中应用这种方法。

(一)劳动教育项目驱动的学习方法的意义

1. 实际操作能力的培养

项目驱动的学习方法可以让学生在实际操作中学习技能,从而培养实际操作能力。学生不仅仅是理论上的了解,还能够亲身参与和实践。

2. 解决问题的能力

在项目中,学生需要解决各种问题,从而培养他们的问题解决能力。这种能力在职场中尤为重要,因为工作中会遇到各种复杂的问题需要解决。

3. 团队合作与协调能力

项目通常需要团队合作,学生需要协同工作、分工合作,培养团队合作与协调能力。这是在职场中必备的能力之一。

4. 实践与理论的结合

项目驱动的学习方法可以将实际操作与理论知识相结合。学生通过实际操作,更容易理解和应用所学的知识。

（二）劳动教育项目驱动的学习方法的实施步骤

1. 项目设计

设计能够涵盖多方面技能和知识的项目。项目的设计要有明确的目标和任务，涉及不同层次的问题，激发学生的兴趣和动力。

2. 团队组建

将学生分成小组，每个小组有不同的任务和角色。学生可以在团队中互相交流、协作，分享不同的想法和观点。

3. 实践操作

学生需要亲自动手进行实际操作，完成项目任务。在操作的过程中，他们会遇到各种问题和挑战，从而培养解决问题的能力。

4. 知识学习

在实际操作中，学生可能会遇到需要的知识。在这个阶段，教师可以引导学生去学习相关的理论知识，帮助他们更好地理解问题和解决问题。

5. 回顾与总结

项目完成后，学生可以进行回顾与总结。他们可以讨论项目中遇到的问题、解决方法以及取得的成果，从中获取经验和教训。

（三）项目驱动的学习方法的实际应用

1. 制定适宜的项目

根据不同的课程内容和学生层次，制定适宜的项目。项目可以涉及不同的领域，如科学实验、工程设计、社会调研等。

2. 提供必要的资源

确保学生有足够的资源和材料来完成项目。这包括教学设备、实验器材、参考书籍、网络资源等。

3. 培养团队合作意识

在项目驱动的学习中，团队合作是必不可少的。教育者可以通过让学生分组合作，培养他们的团队合作意识和能力。

4. 鼓励创新与探索

项目驱动的学习方法鼓励学生进行创新和探索。教育者可以鼓励学生提出新的想法、尝试不同的方法，从中培养他们的创新能力。

5. 教师的引导和辅助

教师在项目驱动的学习中起到引导和辅助的作用。他们可以为学生提供必要的指导、解答疑惑，帮助他们更好地完成项目。

（四）项目驱动的学习方法的优势与挑战

1. 优势

实际操作能力的培养，学生更容易掌握技能。

解决问题的能力得到锻炼，学生能够独立思考和解决实际问题。

团队合作能力得到提升，学生能够有效地在团队中协作。

实践与理论的结合，学生更容易理解和应用知识。

2. 挑战

需要充足的时间和资源来设计和实施项目。

学生可能会面临实际操作中的困难和挫折，需要耐心和毅力。

教师需要有丰富的教学经验和领域知识，才能有效地指导学生。

（五）项目驱动的学习方法的影响与展望

1. 影响

提升学生的实际操作能力和解决问题的能力，使他们更具竞争力。

培养学生的创新能力和团队合作能力，适应职场需求。

促进学生的自主学习和探究精神，培养他们主动获取知识和解决问题的能力。

2. 展望

随着技术的发展，项目驱动的学习方法可以更好地与虚拟现实、人工智能等技术相结合，创造更具沉浸式的学习体验。

学校和教育机构可以不断探索不同领域的项目，丰富学生的学习体验和技能培养。

引入社会资源，将项目与实际问题相结合，使学生能够更好地理解社会需求和挑战。

劳动教育项目驱动的学习方法为学生提供了一种更具实践和综合性的学习方式。通过实际操作、解决问题和团队合作，学生能够更好地培养实际操作能力、解决问题的能力和创新能力。然而，在实际应用中，需要克服一些挑战，如时间和资源的限制，以及教师的指导能力。通过不断的努力和创新，劳动教育可以更好地应用项目驱动的学习方法，为学生提供更丰富、实用的教育体验，培养出更具竞争力和综合素质的人才。

二、跨学科协同的教学模式

劳动教育旨在培养学生的实际操作能力、创新思维和综合素质，传统的学科教学模式已经难以满足这些要求。跨学科协同教学模式在劳动教育中的应用，有助于将不同学科的知识和技能整合在实际操作中，培养学生的综合能力。本节将深入探讨劳动教育中跨学科协同的教学模式，包括意义、特点、实施方法以及对学生的影响。

（一）劳动教育中跨学科协同教学模式的意义

1. 实际操作与综合素质培养

劳动教育强调实际操作能力的培养，而跨学科协同教学模式可以让学生在实际操作中综合运用不同学科的知识和技能，培养更全面的综合素质。

2. 创新思维的培养

劳动教育也需要培养学生的创新思维，而跨学科协同模式可以激发学生从不同学科中获取灵感，培养跳出传统思维的创新能力。

3. 解决实际问题的能力

劳动教育的目标之一是培养学生解决实际问题的能力。跨学科协同教学模式能够使学生从不同学科的角度分析问题，提供多样化的解决方案。

4. 适应职场需求

跨学科协同教学模式培养的综合素质，能够使学生更好地适应多样化的职场需求，具备更强的竞争力。

（二）劳动教育中跨学科协同教学模式的特点

1. 整合实际操作与理论知识

跨学科协同教学模式将实际操作与理论知识相结合，学生在实际操作中可以更好地理解和应用所学的知识。

2. 跨领域思维的培养

劳动教育中的跨学科协同模式培养学生的跨领域思维，使他们能够从多学科的角度思考问题，提供更全面的解决方案。

3. 多样化的教学方法

这种教学模式采用多种教学方法，如项目实践、小组讨论、案例分析等，能够更好地激发学生的兴趣和积极性。

4. 实际问题导向

劳动教育中的跨学科协同模式强调将学生从课堂带入实际问题的解决中，培养解决实际问题的能力。

（三）劳动教育中跨学科协同教学模式的实施方法

1. 跨学科项目设计

设计能够涵盖多学科内容的跨学科项目。项目的设计要有明确的目标和任务，涉及不同学科的知识和技能。

2. 跨学科团队合作

将学生分成跨学科的团队，每个团队由不同学科的成员组成。在团队合作中，学生可以互相补充，从不同学科中获取知识。

3. 教师的引导和支持

教师在劳动教育中的跨学科协同教学中发挥重要作用。他们需要具备跨学科知识，能够引导学生从不同学科的角度思考问题。

4. 跨学科资源整合

整合跨学科的教材、案例、实验等资源。学生可以通过多样化的资源获取不同学科的知识，提高综合素质。

（四）劳动教育中跨学科协同教学模式的影响与展望

1. 综合素质的提升

劳动教育中的跨学科协同教学模式能够提升学生的综合素质，使他们能够综合运用多学科的知识和技能。

2. 创新能力的培养

这种教学模式培养学生的创新能力，使他们能够从不同学科中汲取灵感，形成新的思维方式。

3. 实际操作能力的培养

劳动教育中的跨学科协同模式强调实际操作，能够更好地培养学生的实际操作能力。

4. 职场竞争力的提升

学生通过跨学科协同学习，能够更好地适应多样化的职场需求，提高自身的竞争力。

（五）劳动教育中跨学科协同教学模式的挑战与展望

1. 挑战

教师培训：教师需要具备跨学科知识和教学方法，才能在跨学科协同教学中有效引导学生。

课程设计难度：设计涵盖多学科的跨学科课程需要深入思考和精心策划，以确保课程内容的融合和连贯性。

学生适应问题：部分学生可能需要时间适应新的学科组合和教学方式，尤其是对于传统单一学科教育的适应。

2. 展望

跨学科教育创新：劳动教育可以探索更多创新的跨学科教育方式，如跨学科课程的设计、虚拟实验平台的利用等，以更好地培养学生的实际操作能力和综合素质。

实践与研究结合：劳动教育中的跨学科协同教学模式可以与实际项目结合，鼓励学生在实际问题中跨学科合作解决，同时也可以为教育研究提供宝贵的案例。

学生自主学习：跨学科协同教学模式鼓励学生更加主动地参与学习和合作，提高自主学习和解决问题的能力。

劳动教育中的跨学科协同教学模式是一个有益的教育创新，它能够帮助学生在实际操作中综合运用不同学科的知识和技能，培养创新思维、解决问题的能力，提升综合素质和职场竞争力。尽管在实施过程中可能面临一些挑战，但通过教师培训、课程设计创新以及学生参与等方式，劳动教育可以更好地应用跨学科协同教学模式，为学生提供更丰富、实用的教育体验，培养出更具综合素质的人才。

三、实践教学与案例分析

劳动教育实践教学和案例分析是促进学生实际操作能力和综合素质培养的重要手段。通过实际操作，学生可以将理论知识应用于实际问题；通过案例分析，学生可以从实际问题中提炼出有价值的经验和教训。本节将探讨劳动教育中实践教学和案例分析的意义、特点、实施方法以及对学生的影响。

（一）劳动教育实践教学的意义

1. 实际操作能力的培养

实践教学可以让学生亲自动手，在实际操作中掌握各种技能，从而培养出更强的实际操作能力。

2. 知识的应用与巩固

通过实际操作，学生可以将在课堂上学到的理论知识应用到实际问题中，巩固并加深对知识的理解。

3. 团队合作和沟通能力的培养

在实践过程中，学生需要与同伴合作、协调分工，这有助于培养团队合作和沟通协调能力。

4. 解决实际问题的能力

实践教学中遇到的问题往往是真实的，学生需要通过思考和实际操作来解决问题，培养解决实际问题的能力。

（二）劳动教育实践教学的特点

1. 实际操作为主

劳动教育实践教学以实际操作为主要内容，让学生亲身体验，从而更深入地理解和掌握所学知识和技能。

2. 综合性和综合素质培养

实际操作涉及多个技能和知识领域的综合运用，有助于培养学生的综合素质和综合能力。

3. 贴近实际问题

实践教学可以模拟真实的工作场景和问题，帮助学生更好地适应职场需求。

（三）劳动教育实践教学的实施方法

1. 实验室实践

在专门的实验室环境中，让学生进行实际操作，如科学实验、技术操作等，从而学习相关知识和技能。

2. 项目实践

设计各种项目任务，让学生根据实际情况进行实际操作，培养解决问题的能力和实际操作能力。

3. 校外实习

安排学生到企业、工厂等实习，让他们在真实的工作环境中进行实际操作，感受实际工作场景。

（四）劳动教育案例分析的意义

1. 提供实际问题的案例

案例分析可以向学生提供真实的实际问题，让他们从实际案例中学习和探讨解决问题的方法。

2. 经验和教训的分享

通过案例分析，学生可以了解到不同情况下的经验和教训，从而更好地应对类似情况。

3. 激发思考和创新

案例分析可以激发学生从不同角度思考问题，提出创新性的解决方案，培养创新思维。

（五）劳动教育案例分析的特点

1. 真实性

劳动教育案例分析通常基于真实的案例，贴近实际问题，让学生更易理解和关联。

2. 多样性

不同类型的案例能够涵盖多个领域，让学生从不同方面进行思考和分析。

3. 鼓励讨论和分享

案例分析鼓励学生参与讨论、分享意见，从而促进学生的交流和合作。

（六）劳动教育案例分析的实施方法

1. 分组讨论

将学生分成小组，让他们共同分析和讨论一个案例，从不同角度提出解决方案。

2. 教师引导和讲解

教师可以引导学生分析案例，提出问题，引导学生进行深入思考和分析。

3. 实际问题案例

选取真实的实际问题作为案例，让学生从实际问题中学习分析和解决问题的方法。

（七）劳动教育实践教学与案例分析的影响与展望

1. 实践教学的影响

提升实际操作能力：学生通过实际操作培养出更强的实际操作能力，为未来职业做好准备。

培养综合素质：实际操作涉及多个技能和知识领域的综合运用，有助于培养学生的综合素质和综合能力。

2. 案例分析的影响

借鉴经验与教训：通过案例分析，学生可以了解到不同情况下的经验和教训，从而能够更好地应对类似的问题和挑战。

激发思考和创新：案例分析能够激发学生从不同的角度思考问题，提出创新性的解决方案，培养创新思维和解决问题的能力。

促进交流与合作：学生在案例分析中进行讨论、分享意见，可以促进学生之间的交流和合作，培养团队协作能力。

3. 展望

案例库建设：可以建立丰富的案例库，包括各个领域的实际问题，供学生学习和分析，进一步拓展案例分析的广度和深度。

教学技术应用：借助现代教学技术，可以将实践教学和案例分析结合起来，通过虚拟实验、模拟案例等方式提供更多学习资源和互动体验。

学生参与和主动性：在实践教学和案例分析中，鼓励学生主动参与，让他们能够更加积极地探索和解决问题。

劳动教育中的实践教学和案例分析是培养学生实际操作能力、创新思维和综合素质的有效手段。通过实际操作，学生可以将所学知识应用于实际问题，提升实际操作能力；通过案例分析，学生可以从实际问题中提取有价值的经验和教训，培养解决问题的能力和创新能力。尽管在实施过程中可能面临一些挑战，但通过建立丰富的案例库、应用教学技术以及鼓励学生参与，劳动教育可以更好地运用实践教学和案例分析，为学生提供更丰富、实用的教育体验，培养出更具实际操作能力和综合素质的人才。

第二节　教师队伍建设与培训

一、"双师型"教师的培养

劳动教育旨在培养学生实际操作能力、综合素质和创新能力，"双师型"教师，即既具备劳动教育领域的专业知识，又具备跨学科能力，成为推动劳动教育创新的关键力量。本节将探讨劳动教育"双师型"教师的培养，包括培养的意义、特点，培养路径以及对学生和劳动教育的影响。

（一）劳动教育"双师型"教师的意义

1. 培养全面发展的学生

劳动教育"双师型"教师能够将实际操作技能和综合素质培养相结合，促进学生的全面发展。

2. 促进实际操作与综合能力的结合

"双师型"教师能够将实际操作与综合素质培养有机结合，使学生在实践中培养出更多的综合能力。

3. 推动劳动教育创新

"双师型"教师具备跨学科能力，能够创新教学方法，推动劳动教育从传统到创新的转变。

（二）劳动教育"双师型"教师的特点

1. 劳动教育专业知识

"双师型"教师需要具备劳动教育领域的专业知识，理解实际操作技能和综合素质培养的理念。

2. 跨学科能力

他们需要具备跨学科的能力，能够将不同学科的知识和方法融合在劳动教育中。

3. 创新教学方法

"双师型"教师能够设计创新的教学方法，将实际操作与理论知识相结合，激发学生的兴趣。

（三）劳动教育"双师型"教师的培养路径

1. 教育体系的改革

劳动教育"双师型"教师的培养需要教育体系的改革，将跨学科教育融入教师培养计划。

2. 跨学科培训

教师需要接受跨学科培训，提升其跨学科能力，学习将不同学科的知识融合在劳动教育中的方法。

3. 实践经验积累

培养"双师型"教师需要实践经验的积累，通过参与实际项目、工作坊等活动，提升跨学科能力。

（四）劳动教育"双师型"教师的影响与展望

1. 学生综合素质的提升

劳动教育"双师型"教师能够更好地培养学生的综合素质，使其在实际操作和跨学科领域都具备能力。

2. 劳动教育的创新与发展

"双师型"教师推动劳动教育从传统的实际操作培养转变为更注重综合素质培养和创新能力培养。

3. 教育体制的适应性

劳动教育"双师型"教师培养的实施需要教育体制的适应性调整，将跨学科教育纳入正规培养计划。

劳动教育"双师型"教师的培养是为了更好地满足学生综合素质和创新能力的培养需求。他们既具备劳动教育领域的专业知识，又能够跨学科教学，推动劳动教育的创新与发展。通过教育体系的改革、跨学科培训和实践经验的积累，可以培养更多具备跨学科能力的劳动教育"双师型"教师，为学生提供更富有创新力和实用性的教育体验。"双师型"教师的培养将促进学生更全面地发展，同时也能够推动劳动教育从传统的实际操作中脱颖而出，更好地适应现代社会对综合素质和创新能力的需求。

4. 展望

教育政策支持：政府和教育机构应制定相关政策，鼓励和支持劳动教育"双师型"教师的培养，为其提供培训、研究和教育资源。

教师培训体系：建立完善的"双师型"教师培训体系，包括培训课程、师资队伍等，确保培养出具备跨学科能力的教师。

实践与研究结合：鼓励"双师型"教师积极参与实际项目和研究活动，将实践经验与理论知识相结合，不断提升其教育水平。

教育创新探索："双师型"教师在劳动教育中可以探索更多创新教学方法，如跨学科课程设计、实际项目引导等，以适应不断变化的教育需求。

劳动教育"双师型"教师的培养是为了培养更全面发展、具备综合素质和创新能力的学生。"双师型"教师需要具备劳动教育领域的专业知识，同时也要具备跨学科的能力，能够将不同领域的知识融合在劳动教育中。通过教育体系的改革、教师培训体系的建设以及实践经验的积累，可以培养更多具备跨学科能力的劳动教育"双师型"教师，为学生提供更丰富、实用的教育体验，推动劳动教育不断创新发展。这将有助于培养更具综合素质和创新能力的人才，为社会和国家的发展做出积极贡献。

二、教师团队合作与能力提升

劳动教育在培养学生实际操作能力、综合素质和创新能力方面具有重要作用。而要有效实施劳动教育，教师团队的合作和能力提升是关键因素。本节将探讨劳动教育教师团队合作的意义、特点，以及团队能力提升的途径和影响。

（一）劳动教育教师团队合作的意义

1. 资源共享和优势互补

团队合作能够让教师共享资源、经验和专业知识，实现优势互补，提升教学效果。

2. 多元化教学方法

教师团队可以汇集不同教学方法和观点，丰富教学内容，使劳动教育更具多样性和趣味性。

3. 共同目标的实现

教师团队合作能够协同努力，实现共同的劳动教育目标，提高学生综合素质和实际操作能力。

（二）劳动教育教师团队合作的特点

1. 跨学科合作

劳动教育涉及多领域的知识和技能，需要不同学科的教师进行跨学科合作，将各自专业知识融合在教学中。

2. 综合素质培养

教师团队可以共同制订综合素质培养计划，从不同角度培养学生的创新能力、团队合作能力等。

3. 实际操作引导

教师团队可以共同设计实际操作项目，引导学生在实践中培养实际操作能力。

（三）劳动教育教师团队能力提升的途径

1. 专业培训

教师可以参加劳动教育专业培训，提升自己的劳动教育知识和技能，拓展教学方法。

2. 教学研讨

教师团队可以定期进行教学研讨会，分享教学经验、探讨教学方法，互相学习和借鉴。

3. 实践探索

教师团队可以共同参与实际操作项目，从实践中获得经验，提升自己的实际操作能力。

（四）劳动教育教师团队合作与能力提升的影响

1. 教学效果的提升

教师团队合作可以融合不同的教学方法和观点，提升教学效果，使学生更好地掌握知识和技能。

2. 学生综合素质的培养

团队合作能够全面培养学生的综合素质，使其在实际操作和综合能力等方面得到全面提升。

3. 教育创新的推动

教师团队合作可以推动劳动教育的创新，将不同领域的知识和方法融合在教学中，激发学生的创新思维。

劳动教育教师团队合作和能力提升对于提高教学质量、培养学生综合素质具有重要意义。通过跨学科合作、专业培训、教学研讨和实践探索，教师团队可以共同提升自身的能力，创造更丰富、创新的劳动教育教学环境，培养更具实际操作能力和综合素质的学生，为社会培养更优秀的人才做出贡献。同时，团队合作也促进了教育体制的创新和发展，推动劳动教育适应社会发展的需求。

第三节　课程质量保障体系建设

一、教学评估与反馈机制

劳动教育是培养学生实际动手能力、创新精神和合作意识的重要途径之一。为了确保劳动教育的有效性，教学评估与反馈机制不可或缺。本节将探讨劳动教育教学评估的重要性、实施策略以及反馈机制，旨在提高学生的综合素质和实际技能。

（一）劳动教育教学评估的重要性

劳动教育的目标在于培养学生的实际动手能力、创新思维和团队合作精神，但这些能力往往难以通过传统的课堂教学达到。评估在此起着至关重要的作用，它能够：

衡量学习成果：教学评估可以检验学生在实际动手操作、问题解决和团队协作等方面的实际能力，从而准确衡量他们在劳动教育中的成果。

发现问题：通过评估，教师可以发现学生在具体技能、安全操作等方面的问题，并及时采取措施进行纠正，提升教学质量。

指导教学：评估结果可以为教师提供指导，帮助他们调整教学策略和方法，更好地满足学生的需求，提升学习效果。

激发学习兴趣：通过评估展示学生的成长和进步，可以激发他们对劳动教育的兴趣，增强学习动力。

（二）劳动教育教学评估的实施策略

多元评估方法：针对劳动教育，单一的书面考试不足以全面评价学生的实际技能。可以采用多元化评估方法，如实际操作评估、项目展示、小组合作评价等，以全面了解学生的能力和表现。

任务驱动评估：设计任务驱动的评估，让学生将所学技能应用到实际问题中。例如，在木工课程中要求学生制作一个小家具，评估他们的设计、加工和装配能力。

自评与互评：引导学生进行自我评估，让他们反思自己的成长和不足。同时，鼓励学生互相评价，培养团队合作和交流能力。

实时反馈：提供及时的反馈是评估的关键。教师可以在学生操作时给予指导，及时纠正错误，帮助他们及早掌握正确方法。

综合评价体系：建立综合评价体系，将实际技能、创新能力、合作精神等多方面纳入评估范畴，以更全面地评价学生的劳动教育成果。

（三）劳动教育教学反馈机制

个性化反馈：针对每位学生的不同特点，提供个性化的反馈。对于已经掌握一定技能的学生，可以给予更深入的挑战，而对于需要加强的学生，提供更多的辅导和指导。

正向鼓励：在反馈中注重正向的鼓励，强调学生已经取得的进步和成就，激发他们的学习热情。

建议和改进：提供具体的建议，指导学生如何改进技能和表现。这些建议可以是关于操作技巧、安全注意事项或团队合作等方面。

目标设定：帮助学生设定明确的学习目标，让他们知道自己正在追求什么，并在学习过程中有更明确的方向感。

持续反馈环节：在劳动教育中，反馈不应仅限于单次，而应该形成一个持续的循环。学生可以根据反馈不断调整自己的表现，实现更好的进步。

劳动教育教学评估与反馈机制是提高学生实际技能和综合素质的关键。通过多元评估方法、任务驱动评估、自评与互评等策略，以及个性化的正向鼓励和具体建议，可以激发学生的学习兴趣，帮助他们不断进步。这一机制的建立和完善，有助于培养更具实际动手能力、创新思维和团队协作精神的优秀人才。

二、标准化教学流程与监控

劳动教育是培养学生实际动手能力、创新精神和社会责任感的重要环节。为了确保劳动教育的质量和效果，标准化教学流程及其监控机制至关重要。本节将探讨劳动教育标准化教学流程的构建、监控方法以及其在提升教育质量方面的作用。

（一）劳动教育标准化教学流程的构建

课程设计：标准化教学流程的第一步是进行课程设计。教师应明确课程的目标、内容、教学方法和评估方式。课程目标要明确突出学生的实际动手能力、创新思维和团队协作。

教学资源准备：教师需要准备相关的教学资源，包括教材、实验器材、安全设施等。确保教学资源的充足和合理性，以支持学生的实际操作和学习。

教学活动设计：设计各类教学活动，如实际操作、实验、小组合作项目等。活动要具有明确的目标，能够培养学生的动手能力和解决问题的能力。

实施教学：根据设计的教学流程，进行课堂教学和实际操作。教师需要确保教学过程中的安全性，并积极引导学生参与互动和合作。

评估与反馈：教学流程中应设置评估环节，对学生的表现进行评价，提供针对性的反馈。评估内容要与课程目标相一致，强调实际能力和创新思维的发展。

（二）劳动教育监控机制的建立

制定标准与指标：建立监控机制的第一步是制定相应的标准与指标。这些标准可以涵盖教学质量、教学流程、教学资源、学生表现等多方面，以保证教育的全面发展。

实施监控：设立专门的监控团队或委员会，负责对劳动教育的教学流程进行监控。监控可以通过定期课堂观摩、教学记录、学生作品评价等多种方式进行。

数据收集与分析：收集教学过程中的数据，包括学生参与度、教学效果、学习成绩等。通过数据分析，可以发现问题和改进的空间，为优化教学流程提供依据。

教师培训与支持：为教师提供专业培训和支持，使他们能够更好地实施标准化教学流程。培训内容可以涵盖教学方法、安全操作、评估技巧等方面。

持续改进：基于监控结果，进行持续的改进。及时调整教学流程、完善教学资源，以适应学生需求和教育发展的变化。

（三）标准化教学流程与教育质量提升

保障教育质量：标准化教学流程可以确保教育的稳定性和一致性，避免教学的随意性和碎片化。这有助于提高教育质量的稳定性和可控性。

培养学生能力：标准化教学流程注重培养学生的实际动手能力、创新精神和团队合作意识。这些能力对于学生未来的职业发展和社会参与至关重要。

提升教师专业水平：通过建立监控机制，教师会更加关注教学质量和效果。持续的监控和反馈有助于教师不断自我提升、提高专业水平。

促进教育创新：标准化教学流程并不是僵化的，它可以为教师提供一个基础，让他们在此基础上进行教育创新，尝试更有效的教学方法和活动设计。

加强学校管理：标准化教学流程与监控有助于加强学校管理。学校可以更好地对教学流程和教育质量进行评估和调整，以实现长远发展。

劳动教育标准化教学流程与监控机制的构建对于培养学生的实际能力、创新精神和团队协作能力具有重要意义。通过建立明确的教学流程，监控教学过程，不断优化和改进，可以提升劳动教育的教育质量，培养优秀的劳动教育人才，为社会培养具备实际技能和综合素质的新一代人才。

标准化教学流程的构建需要教育部门、学校、教师以及专家的共同努力。教育部门可以制定相关的教育政策和指导方针，为标准化教学流程的实施提供支持和指引。学校要结合自身实际情况，根据学生特点和教育目标，制定适合的教学流程。教师是教育实施的主体，需要积极参与流程的构建和实施，并不断探索创新，提高教育教学质量。专家可以提供教育领域的专业知识和建议，帮助改进流程和提升教育效果。

监控机制的建立需要注重数据的收集、分析和反馈。通过定期的观察、评估和学生作品展示等方式，收集教学过程中的数据。这些数据可以帮助教师了解教学的实际情况，学生的学习表现以及教育质量的变化。通过数据的分析,可以及时发现问题,并采取相应的措施进行调整和改进。同时,将监控结果反馈给教师和学生,促使他们共同参与教育质量的提升。

总之,劳动教育标准化教学流程与监控机制是提高教育质量的有效手段。通过明确的流程和监控措施,可以保障教育的稳定性、提升学生能力,并促进教师的专业发展。这一机制的建立需要教育各界的合作,共同致力于培养具备实际技能和综合素质的新一代人才,为社会发展做出贡献。

三、学生综合素质评价体系

劳动教育旨在培养学生的实际动手能力、创新精神和社会责任感,这就要求对学生的综合素质进行全面评价。建立科学有效的学生综合素质评价体系,能够更准确地反映学生在劳动教育中的成长和发展。本节将探讨劳动教育学生综合素质评价体系的构建要点、评价指标以及其在劳动教育中的应用。

(一)构建劳动教育学生综合素质评价体系的要点

多维度考量:综合素质评价体系应该涵盖学生多方面的能力,包括实际技能、创新思维、团队协作、社会责任感等。这些要素共同构成了学生在劳动教育中的综合素质。

目标明确:评价体系的构建要从劳动教育的目标出发,明确要培养的核心能力和素质。例如,强调实际动手能力的培养,需要在评价体系中设置相应的指标。

量化与定性结合:评价体系可以既包括量化指标,如技能考核成绩,也要有定性评价,如学生的创新项目展示、团队合作表现等。这样可以更全面地了解学生的发展情况。

个性化考虑:学生在劳动教育中的发展路径各异,评价体系应允许个性化的考虑。不同学生可能在不同领域有突出的表现,评价体系要有灵活性。

持续性评估:综合素质评价不应仅限于特定时点,而应该是一个持续的过程。学生的发展是一个逐步积累的过程,需要在不同阶段进行评价。

(二)劳动教育学生综合素质评价指标

实际操作技能:评估学生在实际操作中的熟练程度,如木工、电子、制作等技能。可以通过项目制作、操作演示等方式进行考核。

创新能力：考查学生在实际项目中的创新思维和解决问题的能力。可以通过创意作品、设计方案等来评价。

团队协作：评估学生在小组合作项目中的合作能力、沟通能力以及在团队中的角色定位。

安全意识：考查学生在实际操作过程中的安全意识和安全操作能力，确保学生的人身安全。

职业素养：评估学生的职业道德以及社会责任感，使其具备健康的职业心态和社会价值观。

学习态度：考查学生的学习态度和自主学习能力，是否积极主动地参与学习和实践。

劳动教育学生综合素质评价体系的应用

教学指导：评价体系可以为教师提供指导，帮助他们更有针对性地进行教学设计和实施教学。根据评价结果，教师可以调整教学策略，更好地满足学生的需求。

学生发展跟踪：评价体系可以帮助学校和教师对学生的发展进行跟踪。通过定期的评价，可以了解学生在不同能力方面的进步情况。

个性化辅导：基于评价结果，可以为学生提供个性化的辅导和支持。对于有特定需求的学生，可以有针对性地进行指导，帮助他们充分发展。

家校合作：评价体系可以促进家校合作，让家长了解学生在劳动教育中的发展情况。家长可以根据评价结果更好地支持学生的学习和发展。

质量提升：通过持续的评价和反馈，学校可以不断优化劳动教育的教学流程和方法，提升教育质量。

劳动教育学生综合素质评价体系的构建是培养学生实际技能、创新能力和社会责任感的重要保障。通过多维度、个性化的评价指标，更准确地了解学生的发展情况，并为教育提供有针对性的指导。这一评价体系的应用将促进劳动教育的不断改进，为学生的全面发展提供支持。

第七章 成效评估与持续改进

第一节 教育成果评价体系构建

一、技能水平与综合素质评估

劳动教育是培养学生实际动手能力、创新思维和社会责任感的重要途径之一。为了全面评价学生在劳动教育中的表现，需要同时考量他们的技能水平和综合素质。本节将探讨劳动教育技能水平与综合素质评估的重要性、评价方法以及如何综合考虑这两方面来提升教育效果。

（一）劳动教育技能水平与综合素质评估的重要性

全面反映学生发展：技能水平和综合素质评估相结合可以更全面地反映学生在劳动教育中的发展。技能水平评估关注学生在实际操作中的熟练程度，而综合素质评估则考查他们的创新能力、团队合作能力等。

个性化发展：学生在技能和素质方面有不同的特点和发展潜力。通过综合评估，可以更好地了解每个学生的特长和需求，为他们提供个性化的培养和支持。

培养适应能力：劳动教育不仅是为了培养具体的技能，更重要的是培养学生适应不同环境、解决问题的能力。综合素质评估能够反映学生的综合素养，如创新、沟通、合作等，从而更好地培养其未来的适应能力。

就业竞争力：在职业社会中，除了具备一定的技能，还需要综合素质的支撑。综合素质评估可以帮助学生提升在职场中的竞争力，更好地适应各种工作环境。

（二）劳动教育技能水平评估方法

实际操作考核：通过学生在实际操作中的表现进行评估，如木工、电子、机械等方面的技能操作。可以通过制作作品、完成项目等方式来考核。

技能竞赛：参加技能竞赛可以考验学生的实际技能水平。这种方式不仅可以激发学生的学习兴趣，还能提供实际的比赛场景。

项目成果展示：要求学生制作、设计、创作某项作品，并在展示中展现他们的技能水平。这可以是一个综合性的评估方式，同时考查学生的创新能力。

（三）劳动教育综合素质评估方法

创新项目：要求学生设计和实施创新项目，评估他们的创新思维和解决问题的能力。这可以通过项目的创意性、实际效果等进行评价。

团队合作评估：考查学生在小组合作中的表现，包括合作能力、沟通能力、协调能力等。可以通过小组项目、案例分析等方式进行评估。

社会责任感：评估学生对社会问题的关注和反应，以及他们在实际操作中的安全意识和职业道德。可以通过学生在情景模拟、实际操作中的安全表现等来考查。

（四）综合考虑技能水平与综合素质

加权评价：技能水平和综合素质可以分别设置不同的权重，然后将两者进行加权求和，得出综合评价分数。这样可以兼顾学生的实际技能和素质发展。

综合项目评估：设计综合性的项目，要求学生既要发挥技能水平，又要展示综合素质。通过项目的综合评估，可以看出学生在不同方面的表现。

个性化发展规划：根据学生在技能和素质方面的优势和不足，制订个性化的发展规划。帮助学生在不同领域取得均衡发展。

劳动教育技能水平与综合素质评估是培养学生实际能力和综合素质的重要手段。通过合理选择评价方法，综合考虑学生的技能和素质发展，可以更全面地了解他们的成长情况。这种综合评价有助于培养具备实际动手能力、创新思维和社会责任感的优秀人才，为他们的职业发展和社会参与打下坚实基础。

二、专业素养与实践能力测量

劳动教育作为培养学生实际动手能力、创新思维和团队协作能力的重要环节，需要教师具备丰富的专业素养和实践能力。为了确保劳动教育的质量和效果，需要建立科学有效的测量方法，评估教师在专业素养和实践能力方面的发展。本节将探讨劳动教育专业素养与实践能力测量的重要性、评价指标以及测量方法，旨在提升劳动教育教师的教学水平。

（一）劳动教育专业素养与实践能力测量的重要性

提高教学质量：教师的专业素养和实践能力直接影响着劳动教育的教学质量。通过测量，可以了解教师在教育领域的知识深度、教育理念以及教学设计和实施能力。

激发教师专业成长：通过测量，教师可以发现自己的不足之处，并有针对性地进一步学习和提升。这有助于激发教师的专业成长和自我发展意识。

适应教育变革：教育环境不断变化，教师需要具备不断适应的能力。测量可以帮助教师了解自己在新教育趋势、新技术应用等方面的情况，以便更好地适应变化。

保障学生发展：教师的专业素养和实践能力直接影响学生的教育质量。通过测量，可以确保教师具备为学生提供优质劳动教育的能力。

（二）劳动教育专业素养与实践能力评价指标

教育背景与知识体系：考察教师的教育背景、专业知识体系和学科基础，以确保其具备良好的学科素养。

教育理念与方法：评估教师的教育理念是否与劳动教育目标相一致，以及是否掌握多样化的教学方法。

课程设计与教材选择：考查教师是否能够根据学生的特点和需求，设计符合劳动教育目标的课程，并选择适当的教材。

实际操作能力：评价教师在实际操作中的技能水平，包括木工、电子、制作等方面的实际操作。

创新能力与项目设计：考查教师在劳动教育项目设计中的创新能力，是否能够引导学生进行创意性的实践。

团队合作与社会责任感：评估教师在小组合作和社会责任感方面的表现，以培养学生的团队协作和社会意识。

教育技术应用：考查教师在教育技术应用方面的能力，是否能够利用现代技术提升教学效果。

（三）劳动教育专业素养与实践能力测量方法

问卷调查：通过问卷了解教师对教育理念、教育方法等方面的看法，以及他们的实际操作能力。同时，也可以从同事和学生的角度收集评价。

教学观摩与评估：教师可以相互进行课堂观摩，评价对方在课堂中的表现，包括教育理念、教学方法和学生互动等。

项目设计和展示：要求教师设计和实施劳动教育项目，并在展示中展现其创新能力和项目效果。

实际操作考核：对教师在实际操作中的技能水平进行考核，如木工、电子、制作等方面的实际操作。

教学案例分析：要求教师分析具体的教学案例，包括课程设计、教学实施、学生表现等方面，以考查其教育能力。

（四）综合考虑专业素养与实践能力

综合评价体系：建立综合评价体系，将不同评价指标进行加权汇总，得出综合评价结果。可以通过权重分配，更准确地体现教师在专业素养和实践能力方面的综合水平。

个性化发展规划：基于评价结果，为教师制订个性化的专业发展规划。针对教师的优势和不足，提供相应的培训和支持，促进其在专业领域的成长。

教师交流与合作：通过教师间的交流和合作，互相分享经验和教育方法。这有助于促进教师之间的互相学习，提升整体教学水平。

持续的专业发展：专业素养和实践能力的发展是一个持续的过程。教师需要不断学习、实践和反思，不断提升自己在劳动教育领域的能力。

劳动教育专业素养与实践能力测量是提升教师教学水平的重要手段。通过科学有效的评价方法，可以全面了解教师在教育领域的知识、技能和实践能力。综合考虑专业素养和实践能力，有助于教师更好地适应不断变化的教育环境，为学生提供高质量的劳动教育。教师的专业发展不仅有助于他们自身的成长，也会推动整个劳动教育领域的发展。因此，建立有效的测量体系，促进劳动教育教师的专业素养和实践能力的提升，对于培养出更多具备实际动手能力、创新精神和社会责任感的优秀人才具有重要意义。

第二节 定性与定量评估方法应用

一、毕业生就业情况与发展轨迹

毕业生就业情况和发展轨迹是衡量高等教育质量和培养效果的重要指标之一。随着社会变革和经济发展，毕业生的就业形势和职业选择也在不断变化。了解毕业生的就业情况和发展轨迹，可以为高校提供改进教育教学、培养更适应社会需求的人才的依据。本节将探讨毕业生就业情况与发展轨迹的重要性、影响因素以及高校在这方面的作用和措施。

（一）毕业生就业情况与发展轨迹的重要性

高等教育质量的评价指标：毕业生的就业情况和发展轨迹是评价高等教育质量的重要指标之一。高校的培养目标是培养具备创新能力、实践能力和适应能力的毕业生，他们的就业情况反映了高校培养效果的一种重要体现。

教育改进的依据：了解毕业生的就业情况可以帮助高校了解自身的教育教学效果，找出存在的问题并加以改进。通过了解毕业生的职业需求，高校可以调整课程设置、教学方法，更好地满足社会和行业的需求。

社会发展的支撑：毕业生是社会的新生力量，他们的就业和职业发展对社会的发展具有重要影响。了解毕业生的就业情况可以帮助社会更好地配置人力资源，推动社会经济的发展。

（二）影响毕业生就业情况与发展轨迹的因素

专业选择与市场需求：毕业生的专业选择与当前市场需求的匹配程度影响其就业情况。一些热门专业可能更容易找到工作，而一些过度拥挤的专业市场竞争可能较大。

综合素质与技能：毕业生的综合素质和实际技能在就业过程中起着重要作用。拥有实际操作能力、创新思维和团队协作能力的毕业生更具竞争力。

实习与实践经验：拥有相关实习和实践经验的毕业生更容易融入工作环境，具备更快的上手能力，也更受雇主欢迎。

网络与社会关系：社会网络和人际关系对毕业生的职业发展也具有一定影响。拥有广泛的人脉关系可能会为毕业生提供更多的职业机会。

（三）高校在毕业生就业情况与发展轨迹中的作用和措施

职业规划与指导：高校可以为毕业生提供职业规划和指导服务，帮助他们了解职业市场、行业趋势，从而更好地做出职业选择。

实践教育的加强：高校可以加强实践教育，提供更多的实际操作机会和实习机会，帮助毕业生在毕业前积累实际经验。

职业技能培养：高校可以根据行业需求，调整课程设置，培养毕业生所需的职业技能，增强他们的职业竞争力。

创新创业支持：高校可以为有创新创业意向的毕业生提供创业支持，培养创业精神和创新能力。

（四）毕业生就业情况与发展轨迹的监测与评估

数据收集与分析：高校可以建立完善的毕业生信息数据库，跟踪毕业生的就业情况和职业发展轨迹。通过数据分析，了解毕业生在不同领域的就业情况和趋势。

调查问卷与访谈：高校可以定期进行毕业生调查问卷和访谈，了解他们在职业发展过程中的体验、困难和需求，为高校提供改进的建议。

毕业生的就业情况和发展轨迹是高等教育质量的重要衡量标准，也关系到社会发展和高校的教育效果。了解毕业生的职业需求，加强实践教育，培养综合素质和技能，为他们提供职业规划指导和创新创业支持，都有助于提升毕业生的就业竞争力和职业发展能力。高校在毕业生就业情况与发展轨迹方面扮演着重要角色。通过数据收集、调查问卷和访谈等手段，高校可以全面了解毕业生的就业情况、职业发展路径以及对教育的反馈意见。同时，高校还应当不断优化自身的教育体系，以适应不断变化的社会需求。

在面对未来的就业挑战和职业发展趋势时，高校可以采取以下措施：

行业合作与实践机会：加强与行业企业的合作，开展联合培养计划，为毕业生提供更多的实践机会和职业导向的培训。实践经验是毕业生就业的重要优势。

创新教育模式：推动创新教育，鼓励学生培养创新思维和创业能力。通过创新课程、创客空间等方式，培养毕业生的创新创业精神。

职业辅导与资源支持：为毕业生提供职业规划指导、简历写作、面试技巧等职业辅导服务。同时，搭建就业信息平台，为毕业生提供更多的职位信息和招聘信息。

跨学科教育：引入跨学科的教育模式，培养毕业生的综合素质和跨领域的能力。这有助于他们在多样化的职业领域中更好地适应。

终身学习观念：培养毕业生的终身学习观念，使他们能够持续学习、不断进修，适应职业发展中的新需求和挑战。

毕业生的就业情况和发展轨迹是高等教育的重要关注点。高校应当在培养毕业生的过程中充分考虑他们的综合素质、实际技能和职业发展需求。通过合理的教育改革、实践教育的强化以及与行业合作，可以提升毕业生的就业竞争力和职业发展能力，为社会培养更多优秀的人才，推动社会经济的可持续发展。高校的积极作用和不断改进，将有助于更好地满足学生和社会的需求。

二、社会认知度与口碑调查

在现代社会中，企业、机构、产品和个人的社会认知度和口碑扮演着极为重要的角色。社会认知度是指在公众中的知名度和了解程度，而口碑则涵盖了公众对于某一事物的评价、印象和意见。了解社会认知度和口碑对于有效品牌建设、形象塑造以及个人职业发展都至关重要。本节将探讨社会认知度与口碑的重要性、调查方法和应对策略，旨在帮助企业、机构和个人更好地管理自己在社会中的形象。

（一）社会认知度与口碑的重要性

品牌塑造与知名度：社会认知度是企业和机构建立品牌形象、提升知名度的重要途径。具有高社会认知度的品牌更容易在市场中脱颖而出，吸引客户和合作伙伴。

信任与合作：良好的口碑可以建立信任，有助于建立长期的合作关系。公众对于一个机构或个人的正面评价能够使其更具吸引力，吸引更多合作伙伴和客户。

职业发展与机会：个人的社会认知度和口碑对于职业发展同样至关重要。在职业领域中，具有良好口碑的个人更容易受到认可，获得更多机会。

危机管理与声誉维护：当遭遇负面事件或危机时，良好的社会认知度和口碑可以减少负面影响，有助于更好地管理危机，维护声誉。

（二）社会认知度与口碑调查方法

调查问卷：设计针对受众的调查问卷，收集公众对于特定企业、机构、产品或个人的认知和评价。问卷可以包括对知名度、印象、满意度等方面的问题。

社交媒体分析：分析社交媒体平台上的评论、留言、转发等，了解公众对于特定话题的讨论和态度。社交媒体是获取公众意见的重要渠道。

口碑监测工具：利用专业的口碑监测工具，跟踪网络上关于企业、机构、产品或个人的评价和讨论。这些工具能够汇总和分析大量数据，帮助其发现问题。

深度访谈：进行深度访谈，与受众进行有针对性的交流，了解其对于特定事物的更深层次看法和评价。深度访谈可以提供更丰富的信息。

（三）应对策略与管理措施

积极沟通与互动：与公众保持积极的沟通和互动，回应他们的疑虑和问题，加强与受众的连接。积极的互动能够建立信任、改善口碑。

优质产品与服务：提供优质的产品和服务是树立良好口碑的基础。满足客户需求，超越期望，能够赢得客户的好评和支持。

危机管理：面对负面事件和危机，及时做出回应，积极采取措施，有效控制负面影响。透明和负责任的危机处理方式有助于保护声誉。

建立公信力与专业形象：通过专业知识和实力，建立自身的公信力与专业形象。公众更愿意信任具备专业素质和道德品质的个人和机构。

积极参与社会活动：参与社会公益活动、行业交流和社交活动，展示正能量和社会责任感，有助于提升社会认知度和积极口碑。

社会认知度和口碑是构建企业、机构、产品和个人形象的重要因素，直接影响着公众的看法和态度。通过合理的调查方法和应对策略，可以更好地了解公众的评价和需求，有效地管理形象，提升信任和合作关系，实现可持续的发展。无论是在商业领域还是个人职业领域，积极管理社会认知度与口碑，都是取得成功的关键一环。

第三节 持续改进策略与机制建立

一、基于评估结果的课程优化

课程优化是高等教育中持续不断的过程，旨在提高教学质量、适应学生需求和社会变革。评估作为课程优化的重要环节，通过收集、分析和解读教学活动的各种数据和信息，为制订有针对性的改进措施提供支持。本节将探讨基于评估结果的课程优化的重要性、评估方法和优化策略，旨在帮助高校更好地提升教育质量。

（一）基于评估结果的课程优化的重要性

提高教学质量：基于评估结果进行课程优化可以帮助其发现教学中存在的问题和不足，有针对性地改进教学设计、方法和内容，从而提高教学质量。

满足学生需求：通过评估了解学生的学习需求、兴趣和反馈，更好地调整课程内容和形式，使课程更贴近学生，提高他们的学习积极性和参与度。

适应社会变革：社会不断变化，产业和技术也在不断发展。通过评估课程，高校可以及时调整课程内容，使其更适应社会的新需求和趋势。

持续改进：评估结果为课程的持续改进提供了反馈和依据。高校可以不断地进行评估和优化，实现教学的不断进步。

（二）评估方法与数据收集

学生反馈调查：设计学生反馈问卷，收集学生对课程内容、教学方法、教材等方面的看法和建议。学生的反馈能够提供直接的改进方向。

教学观摩与评估：教师可以相互进行课堂观摩，通过同行的反馈改进自己的教学方法和效果。

教学成果展示：要求教师展示他们的教学成果，包括课程设计、学生作品、教材选用等，以便进行综合评估。

学习成绩和考试分析：分析学生的学习成绩和考试表现，了解课程的难易程度，是否需要进行内容和评估方式的调整。

专家评审：邀请教育专家进行课程评审，从专业角度评价课程设计和实施，提出改进建议。

（三）基于评估结果的课程优化策略

根据学生反馈调整内容：根据学生的反馈，优化课程内容，增加有趣和实用的内容，满足学生的学习兴趣和需求。

多样化教学方法：根据评估结果，尝试采用多样化的教学方法，满足不同学生的学习方式和需求，提高教学效果。

更新教材与资源：根据行业发展和新知识的涌现，不断更新教材和教学资源，使课程保持与时俱进。

强化实践环节：在课程中增加实践环节，让学生能够将理论应用到实际中，提升他们的实际操作能力。

跨学科融合：在评估过程中，发现跨学科融合的机会，将不同学科的知识进行整合，丰富课程内涵。

（四）持续改进与反馈机制

定期评估与调整：设定定期的评估时间节点，对课程进行评估，收集数据和信息，制订相应的调整方案。

教师交流与分享：教师可以进行交流和分享，分享课程优化的经验和成果，从而相互借鉴、学习。

学生参与：鼓励学生参与课程评估和优化的过程，听取他们的意见和建议，让课程更加贴近他们的需求。

持续反馈机制：建立持续的反馈机制，收集学生、教师和专家的意见和建议，将反馈融入课程的不断改进中。

基于评估结果的课程优化是高等教育质量提升的关键环节。通过科学的评估方法和数据收集，高校可以了解课程存在的问题和不足，制定针对性的优化策略，从而提高教学质量，满足学生需求，适应社会变革。持续的评估与优化过程，有助于保持课程的活力和创新，为学生提供更好的教育体验。高校应当积极倡导课程优化的理念，建立起教师、学生和专家共同参与的课程评估与优化体系，实现持续改进和教育创新的目标。

（五）在不同阶段的课程优化

课程设计阶段：在课程设计之初，就应考虑如何基于评估结果进行优化。通过市场需求调研、教育趋势分析等手段，制定具有前瞻性和适应性的课程目标和内容。

教学实施阶段：在教学过程中，通过学生反馈、教学观摩等方式，收集实时的评估数据。教师可以根据学生的反应调整教学方法，根据效果优化教学内容。

课程评价与调整阶段：定期进行全面的课程评价，结合教学成果、学生反馈等数据，制订课程调整方案。这个阶段需要教师、学生和专家共同参与。

（六）课程优化的挑战与应对策略

数据收集与分析：数据收集可能涉及大量的信息，如何进行有效的数据分析，从中挖掘出有价值的信息，需要运用数据分析工具和方法。

多方参与的协调：课程优化需要教师、学生、专家等多方共同参与。如何协调各方的意见和建议，达成共识，需要建立良好的沟通渠道和合作机制。

持续改进的意识：课程优化是一个持续不断的过程，需要教师具备持续改进的意识，愿意投入时间和精力不断改进课程。

资源投入与支持：课程优化可能需要投入额外的人力、物力和财力资源。高校需要提供相应的支持，以保障课程优化的顺利实施。

（七）成功案例与经验分享

案例一：跟踪就业情况优化课程

一所高校根据毕业生就业情况，发现部分专业的就业率较低。针对这一情况，学校组织了校企合作，更新了教材，增加了实践环节，提升了相关专业的就业竞争力。

案例二：学生反馈引导改进

一位教师在每学期末都会收集学生的匿名反馈意见。通过分析学生的建议和意见，不断调整教学方法和课程内容，使得课程更加符合学生的需求。

案例三：课程与社会需求结合

一个工程类专业结合行业需求，不断调整课程内容，加强实际操作环节。学生通过课程学习获得实际技能，提高就业竞争力。

基于评估结果的课程优化是高等教育中提高教学质量和满足学生需求的关键环节。通过科学的评估方法和数据收集，能够及时发现课程存在的问题和不足，制定有针对性的改进措施，不断优化课程内容和教学方法。教师、学生和专家共同参与的评估与优化体系，能够促进教育的不断创新和提升，为培养更具有竞争力的人才提供有力支持。高校应当强化课程优化的意识，建立完善的评估机制，实现持续改进和教育质量的提升。

二、根据行业变化及时调整

随着社会的不断发展和变化，不同行业的需求也在不断演变。劳动教育作为培养学生综合素质和职业能力的重要环节，必须与行业的变化保持同步，以确保毕业生具备适应社会发展的能力。本节将探讨根据行业变化进行劳动教育调整的重要性、调整方法和实施策略，旨在促进教育与就业的有机结合。

（一）根据行业变化进行劳动教育调整的重要性

保持就业竞争力：行业需求的不断变化决定了求职者需要具备与时俱进的职业技能和知识。通过根据行业变化调整劳动教育，可以帮助学生保持就业竞争力，更好地适应职场。

提高毕业生就业率：若劳动教育与行业需求不匹配，毕业生的就业率可能下降。调整劳动教育使之符合当前行业趋势，能够提高毕业生的就业机会和成功率。

促进创新创业：行业变化可能带来新的商机和创新领域。通过教育调整，鼓励学生具备创新思维和创业精神，有助于培养未来的创业者和领袖。

适应社会需求：行业变化往往代表了社会发展的方向。劳动教育调整可以使教育更加贴近社会需求，培养更适应社会发展的人才。

（二）调整方法与实施策略

行业调研与前瞻性规划：高校应定期进行各行业的调研，了解其发展趋势、需求变化和技能要求。基于调研结果，制订前瞻性的劳动教育规划。

课程内容更新与优化：根据行业需求，及时更新课程内容，加入最新的知识和技能要求。通过多媒体教学、案例分析等方式，让学生更贴近实际。

实践教育的强化：强化实践教育，让学生能够在真实的工作环境中进行实际操作。与企业合作，提供实习、实训机会，让学生获得实际经验。

跨学科融合：行业变化往往需要跨学科的知识和能力。推动不同学科的融合，培养具备综合素质和多领域知识的毕业生。

职业规划与指导：为学生提供针对行业变化的职业规划和指导。帮助他们了解行业趋势，规划自己的职业发展路径。

（三）实际案例与经验分享

案例一：IT 行业就业策略

一所高校发现 IT 行业对人工智能、大数据等领域的需求增加。为了帮助学生更好地就业，学校增设相关课程，引入实际项目，让学生能够获得实际技能。

案例二：创新创业教育

随着创新创业的兴起，一所高校积极调整劳动教育，引入创业课程和创业实践项目，鼓励学生培养创业精神，培养创新能力。

案例三：工程类专业升级

一所工程类高校定期评估行业发展，发现某些领域的技术发生了较大变化。学校对相关专业的课程进行调整，加入新技术和实际案例，使学生更适应行业变化。

（四）挑战与未来展望

快速变化的行业：部分行业发展非常迅速，需要高校更灵活地调整劳动教育。高校需要建立起快速响应机制，使教育与行业变化同步。

资源投入与师资培养：调整劳动教育需要投入更多资源，包括教材、设备和师资。高校需要在资源投入上有所平衡，确保教育质量。

终身学习观念：行业变化使终身学习观念变得尤为重要。学生需要培养自我学习能力，不断跟进行业的变化，持续提升自己的职业技能和知识。

多方合作与交流：高校需要与行业企业、专业协会等建立紧密合作关系，及时获取行业信息和需求，从而更好地调整劳动教育内容。

社会认知度与口碑：高校应当及时宣传和展示调整后的劳动教育成果，让社会认识到其对学生的积极影响，从而提升口碑和吸引更多优秀的学生。

根据行业变化及时调整劳动教育是高等教育的必然需求。随着社会不断发展，行业的变化影响着求职者的职业能力要求。高校应当积极响应，通过行业调研、课程内容更新、实践教育的强化等方式，确保毕业生具备适应社会发展的能力。此外，高校还需培养学生的终身学习观念，让他们能够在职业生涯中持续学习和适应变化。通过高校与行业的紧密合作，劳动教育将更好地服务于学生的成长和职业发展，为社会培养更多具有竞争力的人才。

三、学生反馈与教育方案改进

劳动教育作为学校教育的重要组成部分，旨在培养学生的实际动手能力、创新能力和团队协作精神。然而，随着社会的发展，传统的劳动教育模式可能存在一些问题，如学生参与度不高、内容陈旧等。为了更好地促进学生的全面发展，有必要通过收集学生反馈，不断完善劳动教育方案。

（一）学生反馈的重要性

学生是教育的主体，他们的意见和需求应该被充分考虑。收集学生对劳动教育的反馈，可以帮助教育者了解学生的真实感受、期望和问题。通过学生的反馈，教育者可以更好地调整教学内容、方法和形式，从而提升教育的效果和吸引力。

（二）收集学生反馈的方法

问卷调查：设计针对劳动教育的问卷调查，涵盖课程内容、教学方法、设施设备等方面。问卷可以包括开放性问题，鼓励学生提出建议和意见。

小组讨论：在课程结束后，组织学生进行小组讨论，让他们分享自己的感受和看法，以及对劳动教育的期望和改进建议。

个别面谈：选择一些学生进行个别面谈，更深入地了解他们的想法。这种方法可以得到更具体、详细的反馈。

反馈箱：在学校设立反馈箱，供学生匿名提出意见和建议，保护他们的隐私，鼓励他们敢于表达。

（三）学生反馈的内容

课程内容：学生是否认为劳动教育的课程内容与实际需求相符？是否过于陈旧或缺乏趣味性？

教学方法：学生对于教学方法的满意度如何？是否觉得有足够的互动和参与机会？

设施设备：学生对于实验室、工作室等设施设备的评价是怎样的？是否满足他们的学习需求？

团队合作：劳动教育通常涉及团队合作，学生在团队中的体验如何？是否存在合作困难或不和谐的情况？

个人发展：学生在劳动教育中是否感到自己的实际动手能力得到了提升？是否认为课程有助于培养创新能力？

（四）教育方案的改进

根据学生的反馈，可以有针对性地进行教育方案的改进，以实现更好的教育效果。

内容更新：结合学生的反馈，对劳动教育的课程内容进行更新和调整，确保其与时俱进，更符合学生的兴趣和需求。

多样化教学方法：根据学生的反馈，尝试引入多样化的教学方法，如案例分析、项目实践、互动讨论等，提高课程的吸引力和参与度。

设施设备改进：根据学生的意见，投入更多资源改善实验室、工作室等设施设备，提供更好的学习环境。

关注个体差异：根据学生的个体差异，提供个性化的教学指导，帮助每位学生充分发展自己的潜力。

培养团队合作技能：根据学生在团队合作方面的反馈，设计更有效的团队合作培训，帮助学生提升团队协作能力。

（五）定期评估和改进

学生反馈不应该是一次性的活动，而应该成为持续的过程。学校可以定期收集学生反馈，进行教育方案的评估和改进，确保劳动教育始终保持活力和吸引力。

劳动教育是培养学生实际能力和创新能力的重要途径，而学生反馈则是改进教育方案的关键依据。通过科学的方法收集和分析学生反馈，不断完善劳动教育方案，将有助于更好地满足学生的需求，促进他们的全面发展。学校应该将学生的声音纳入教育决策，共同创造更具活力和吸引力的劳动教育环境。

第八章　政策建议与实施路径

第一节　政府政策支持与制度创新

一、制定劳动教育的指导性政策

劳动教育作为培养学生实际操作能力、创新能力和综合素质的重要组成部分，在现代社会具有重要的意义。为了促进劳动教育的发展和提升，制定指导性政策是必不可少的。本节将探讨制定劳动教育的指导性政策的重要性、内容要点以及对学生、教育机构和社会的影响。

（一）重要性

促进综合素质培养：劳动教育可以培养学生的实际操作能力、创新能力和团队协作能力，为其综合素质的培养提供有力支持。

适应社会需求：现代社会对人才的需求越来越强调实际操作能力和创新能力。制定劳动教育政策可以更好地满足社会对人才的需求。

提升教育质量：制定政策可以推动教育机构优化课程设置、教学方法等，提升劳动教育的质量和效果。

培养社会责任感：劳动教育可以培养学生的社会责任感和人文关怀，使其在实际工作中能够更好地为社会做出贡献。

（二）内容要点

课程设置与教学方法：政策可以明确劳动教育的课程设置和教学方法，鼓励学校在课程中融入实际操作、创新和团队合作元素，培养学生的综合能力。

师资队伍建设：政策可以要求学校加强师资队伍建设，培养具有实际操作经验和创新能力的教师，提高教育质量。

实践机会和项目支持：政策可以促进学校与企业、社会组织合作，为学生提供更多实践机会和创新项目支持，使其能够将理论知识应用于实际操作。

评价体系建设：政策可以建立科学合理的评价体系，综合考量学生的实际操作能力、创新能力和团队协作能力，鼓励学校更全面地培养学生。

国际交流与合作：政策可以鼓励学校加强国际交流与合作，借鉴国际先进经验，提升劳动教育的水平。

（三）影响与启示

学生能力培养：制定政策有助于培养学生的实际操作能力、创新能力和综合素质，使其更好地适应职业发展和社会需求。

教育质量提升：政策可以推动教育机构优化教学内容和方法，提升劳动教育的质量和效果。

社会责任感培养：劳动教育可以培养学生的社会责任感和人文关怀，使其在实际工作中能够更好地为社会做出贡献。

创新创业能力培养：制定劳动教育的指导性政策可以促进创新创业能力的培养。政策可以鼓励学校将创新创业元素融入劳动教育，使学生在实际操作中培养创新思维和创业能力。

教育体系优化：制定政策有助于优化教育体系，推动学校注重培养学生的实际操作能力和创新创业能力，使其教育更具针对性和实效性。

（四）制定劳动教育的指导性政策的挑战与应对策略

多元需求的平衡：学生的兴趣和需求各不相同，制定政策时需要平衡多元需求。政策可以鼓励学校提供多样化的课程和实践项目，满足不同学生的需求。

评价体系的建立：劳动教育注重实际操作能力和综合素质的培养，评价体系的建立需要更全面的考量。政策可以要求学校建立科学合理的评价方法，准确反映学生的实际能力和创新能力。

师资队伍建设：培养具有实际操作经验和创新能力的教师是一个挑战。政策可以推动教师培训和交流，提升师资队伍的整体素质。

实践机会的保障：为学生提供丰富的实践机会需要与企业和社会资源合作。政策可以鼓励学校积极与企业、社会组织合作，为学生提供更多的实践机会。

（五）未来发展与展望

制定劳动教育的指导性政策将在未来持续发挥重要作用。随着社会的不断变化和发展，劳动教育需要不断创新和适应。以下是未来发展与展望：

深化实践教育：未来政策可以进一步深化实践教育，鼓励学生参与更多实际操作和创新项目，提升实践能力和创新能力。

跨学科融合：未来政策可以促进不同学科的融合，将劳动教育与创新创业教育、科技教育等结合，培养更具综合素质的人才。

国际交流与合作：未来政策可以加强国际交流与合作，借鉴国际先进经验，提升劳动教育的水平。

教育资源的整合：未来政策可以推动教育资源的整合，鼓励学校与企业、社会组织合作，为学生提供更多实践机会和创新项目支持。

制定劳动教育的指导性政策对于培养学生实际操作能力、创新能力和综合素质具有重要意义。政策可以推动教育机构优化教学内容和方法，提升教育质量。同时，政策也可以促进学生的综合能力培养，使其更好地适应职业发展和社会需求。政府、学校和社会应共同努力，制定科学合理的劳动教育政策，为学生的综合能力培养提供有效支持，推动社会的创新创业发展和进步。只有不断创新，才能在劳动教育中实现更好的教育效果和社会价值。

二、打造创新的人才培养制度

在当今充满变革和创新的时代，培养具备创新能力的人才对于社会和经济的可持续发展至关重要。为了更好地适应和引领未来的发展，需要构建创新的人才培养制度，以培养具有创新思维、实践能力和综合素质的优秀人才。本节将探讨打造创新的人才培养制度的重要性、关键要素以及对教育体系和社会的影响。

（一）重要性

推动社会创新发展：创新的人才培养制度可以培养具有创新思维和实际创新能力的人才，为社会创新和科技进步提供源源不断的动力。

适应快速变化：当前社会变化迅速，创新能力成为适应变化和解决问题的关键能力。创新的人才培养制度可以培养学生灵活应对变化的能力。

促进产业升级：创新能力的人才对于产业升级和经济发展至关重要。

创新的人才培养制度可以为产业升级提供人才支持。

培养综合素质：创新的人才培养制度注重培养学生的综合素质，使其不仅具备专业知识，还具备实践能力、团队协作能力等。

（二）关键要素

多元化课程设置：创新的人才培养制度应该提供多样化的课程，涵盖不同领域的知识和技能，培养学生跨学科的视野。

实践创新机会：制度应该为学生提供丰富的实践创新机会，包括实习、创业项目、科研等，让学生在实际操作中培养创新能力。

跨学科融合：创新的人才培养制度应该鼓励不同学科之间的融合，培养学生综合素质和综合能力。

导师制度：导师制度可以为学生提供个性化的指导和支持，帮助他们培养创新能力和综合素质。

创新创业文化：制度应该营造创新创业的文化氛围，激发学生的创新潜能，鼓励他们敢于尝试和创新。

（三）对教育体系和社会的影响

提升教育质量：创新的人才培养制度可以促进教育质量的提升，使学校更注重培养学生的创新能力和综合素质。

推动教育改革：打造创新的人才培养制度需要教育体系的改革和创新。制度的建立可以推动教育改革向更加创新的方向发展。

促进产业发展：培养具有创新能力的人才可以为产业发展提供支持，推动科技创新和产业升级。

社会创新引领：具有创新能力的人才可以成为社会创新的引领者，为社会解决问题和推动发展提供智力支持。

（四）挑战与应对策略

课程设计难度：多元化的课程设置需要投入大量的资源和精力。教育机构可以建立跨学科的课程设计团队，共同制定多元化的课程。

实践机会保障：提供丰富的实践创新机会需要与企业、社会组织合作。教育机构可以建立合作关系，为学生提供实践机会。

评价体系建设：创新能力的评价需要更加全面的评价体系。教育机构可以建立综合评价体系，综合考量学生的创新能力和综合素质。

(五)未来发展与展望

随着社会的不断发展和变化,创新能力将成为未来人才培养的核心目标。打造创新的人才培养制度将在未来持续发挥重要作用。以下是未来发展与展望:

教育资源整合:未来可以推动教育资源的整合,鼓励学校与企业、社会组织合作,为学生提供更多实践创新机会。

国际交流与合作:未来可以加强国际交流与合作,借鉴国际先进经验,提升创新的人才培养制度。

新技术的应用:未来可以结合新技术,如人工智能、虚拟现实等,创新人才培养模式,为学生提供更多创新的学习和实践体验。

个性化培养:未来可以实施更加个性化的人才培养,根据学生的兴趣、特长和需求,制订个性化的培养计划,培养出更具创新能力的人才。

创新教育体系建设:未来可以推动构建更加创新的教育体系,将创新教育融入各个教育环节,从基础教育到高等教育,全面培养创新能力。

打造创新的人才培养制度是推动社会创新发展的重要举措。通过多元化课程设置、实践创新机会、跨学科融合、导师制度和创新创业文化的构建,可以培养出具有创新思维、实践能力和综合素质的优秀人才。这不仅有助于个体的成长和发展,也将为社会的可持续发展提供有力支持。政府、教育机构、企业和社会应共同合作,共同打造创新的人才培养制度,为未来的社会创新和发展做出积极贡献。只有不断创新,才能在人才培养中实现更好的教育效果和社会价值。

第二节　高校内部机制与资源配置优化

一、促进教师队伍专业发展

劳动教育教师是培养学生实际操作能力、创新能力和综合素质的重要推手。为了更好地适应社会需求和教育改革,促进劳动教育教师队伍的专业发展至关重要。本节将探讨劳动教育教师队伍专业发展的意义、关键要素以及推动策略。

（一）意义

提升教育质量：劳动教育教师的专业发展可以提升教育质量，使他们更具教学能力和创新能力，为学生提供更好的教育体验。

培养实践能力：劳动教育教师专业发展不仅关乎教学技能，还涉及实际操作能力。培养实践能力的教师可以更好地引导学生学以致用。

推动课程创新：专业发展的教师更容易融入创新元素，推动课程创新，使劳动教育更具吸引力和实用性。

引领教育改革：专业发展的教师可以成为教育改革的引领者，通过实践经验和创新思维推动教育体系的变革。

（二）关键要素

持续学习与培训：提供持续的学习和培训机会，使教师了解教育新动态、新理念和新技术，不断提升自身教育素养。

实践经验积累：鼓励教师参与实际操作，积累丰富的实践经验，从而更好地将理论知识应用于实际教学。

研究与创新：鼓励教师开展研究和创新活动，推动劳动教育的理论与实践不断进步和发展。

师资交流与合作：建立师资交流与合作机制，让教师之间相互学习、分享经验，共同提高。

（三）推动策略

制订培训计划：学校可以制订专门的培训计划，包括课程培训、实践操作、教育技术应用等，为教师提供全面的专业发展机会。

建立导师制度：设立导师制度，由经验丰富的老师指导新教师，帮助他们更快地适应教学工作和实践操作。

提供研究资助：学校可以为教师提供研究资助，鼓励他们开展教育研究和实践创新，提升自身专业水平。

建立分享平台：创建教师分享平台，让教师可以分享教学经验、创新案例和实践成果，促进互相借鉴和学习。

（四）影响与启示

教育质量的提升：劳动教育教师队伍专业发展可以提升教育质量，使劳动教育更具实效性和吸引力。

学生综合能力的培养：专业发展的教师可以更好地培养学生的实际操

作能力、创新能力和综合素质，帮助他们更好地适应未来职业发展和社会需求。

教育体系改革的推动者：劳动教育教师专业发展可以成为教育体系改革的推动者，通过实际操作和创新实践，引领劳动教育的发展方向。

社会创新的引领者：具备实际操作能力和创新能力的教师可以成为社会创新的引领者，为社会问题的解决提供创新思路和实践经验。

（五）挑战与应对策略

时间和资源限制：教师专业发展需要投入大量的时间和资源。学校可以合理安排教师的学习和培训时间，提供必要的资源支持。

知识更新压力：教育领域知识更新快速，教师需要不断跟进新知识。学校可以提供持续的学习机会，鼓励教师进行自主学习和研究。

实践机会不足：劳动教育需要实际操作经验的支持。学校可以与企业、社会组织合作，为教师提供更多实践机会。

评价体系建设：教师专业发展的评价体系需要更全面的考量。学校可以建立科学合理的评价方法，综合考量教师的教学、实践和创新能力。

（六）未来发展与展望

随着社会的不断发展和变化，劳动教育教师队伍专业发展将持续受到重视。以下是未来发展与展望：

多元化培养模式：未来可以推动建立多元化的教师培养模式，包括学历教育、在职培训、研究项目等，满足不同教师的需求。

教师交流与合作：未来可以加强教师之间的交流与合作，鼓励教师互相学习、分享经验，共同提升专业水平。

技术应用与创新：未来可以结合新技术的应用，如在线教育、虚拟实验等，促进劳动教育教学的创新和发展。

社会资源整合：未来可以与企业、社会组织等合作，为教师提供更多实际操作机会和创新项目支持。

劳动教育教师队伍的专业发展是推动劳动教育的关键。通过持续学习、实践经验积累、研究与创新以及师资交流与合作，可以提升教师的教学能力、实践能力和创新能力。专业发展的教师不仅可以提升教育质量，还可以推动教育改革和社会创新。政府、学校、企业和社会应共同合作，为劳动教育教师队伍的专业发展提供全方位的支持，共同促进教育的可持续发展和社会的进步。只有不断提升，才能在劳动教育中实现更好的教育效果和社会价值。

二、优化课程资源整合与分配

劳动教育作为培养学生综合素质的重要组成部分，旨在培养学生的实践动手能力、合作意识以及创新思维。然而，在劳动教育课程的资源整合与分配方面，仍然存在一些问题，如资源不均衡、教育方法单一等。本节将探讨优化劳动教育课程资源整合与分配的重要性，并提出一些解决方案。

1. 优化劳动教育资源整合的重要性

提升教育质量：资源整合有助于引入多样化的教育内容和方法，从而提升课程的教育质量。

满足学生需求：通过资源整合，可以更好地满足不同学生的兴趣和需求，激发学习兴趣。

培养综合素质：多样化的资源可以更好地培养学生的动手能力、团队协作和创新思维等综合素质。

2. 问题与挑战

资源分配不均衡：一些学校可能拥有更丰富的资源，而一些学校则面临资源匮乏的困境。

教育方法单一：部分学校可能过于依赖传统的劳动教育模式，缺乏创新和多样性。

师资力量不足：优秀的劳动教育需要专业的师资队伍，但有时师资力量有限。

3. 解决方案

资源共享与合作：学校之间可以建立资源共享的机制，共同开发教材、设备和课程内容，以实现资源的优化分配。

多元化教育方法：引入多元化的教育方法，如项目制学习、实践探究等，激发学生的学习兴趣和创造力。

师资培训与交流：加强对劳动教育师资的培训，引入外部专业人才进行交流讲座，提升师资队伍的水平。

政府支持与投入：政府可以增加对劳动教育的投入，提供资金和政策支持，促进劳动教育资源的整合与分配。

4. 成功案例

芬兰的劳动教育模式：芬兰通过将劳动教育融入学校课程，培养学生的实际技能和问题解决的能力，取得了显著的成效。

资源共享平台：一些地区建立了劳动教育资源共享平台，学校可以共同上传和下载教育资源，实现优势互补。

5. 优化劳动教育课程

资源整合与分配提升学生综合素质的重要途径。通过资源共享、多元化教育方法、师资培训和政府支持等方式，可以解决资源不均衡和教育方法单一等问题，为学生提供更丰富多彩的劳动教育经验，培养具备实践能力和创新精神的新一代人才。

6. 推进策略与实施

建立资源共享平台：学校、教育机构和社会组织可以共同建立在线平台，上传和下载劳动教育资源，促进资源的共享与传播。

开展跨学科合作：劳动教育可以与其他学科融合，如科学、艺术、技术等，创造更多综合性的课程，丰富学生的学习体验。

鼓励创新实践：学校可以设立劳动创新实践基地，鼓励学生开展自主创新项目，培养创新思维和解决实际问题的能力。

加强家校合作：学校可以与家长合作，充分利用社会资源，为学生提供更多实践机会，丰富劳动教育内容。

建立评价体系：建立科学的评价体系，从综合素质、实际技能、团队协作等方面评价学生的劳动教育成果。

7. 面临的挑战与解决途径

资源不足：部分地区可能面临资源不足的问题。政府可以通过增加财政投入，提供劳动教育专项资金，促进资源的均衡分配。

教育理念转变：部分学校和教师可能对传统的教育模式习惯性地依赖。开展培训和宣传，引导教师和学校转变教育理念，接受多元化的教育方法。

课程压力：学生可能面临学业压力较大，导致劳动教育时间不足。学校可以合理调整课程安排，将劳动教育融入课程，形成有机结合。

8. 展望未来

优化劳动教育课程资源整合与分配是一个长期的过程，需要各方的共同努力。随着社会的发展和教育观念的更新，劳动教育将更加多样化、创新化，为学生成长成才提供更广阔的舞台。

9. 结语

优化劳动教育课程资源整合与分配是提升学生素质、培养创新人才的重要举措。通过资源共享、多元化教育方法、师资培训等方式，可以克服挑战，实现资源的合理分配，为学生提供更全面的劳动教育体验，推动教育的发展和进步。劳动教育的优化不仅关乎学生的个人成长，也与国家的未来发展息息相关。

第三节 产学研深度融合的合作模式

一、建立产业界与高校的合作平台

劳动教育作为培养学生实践动手能力、团队协作能力和创新思维的重要途径，在现代社会中扮演着不可或缺的角色。为了更好地将劳动教育与实际产业需求相结合，建立产业界与高校劳动教育的合作平台显得尤为重要。本节将探讨为何要建立这样的合作平台，以及如何实现这一目标。

1. 合作平台的重要性

贴近实际需求：产业界能够提供实际行业的最新动态和需求，有助于调整劳动教育内容，使其更贴合实际。

提升教育质量：通过与产业界合作，可以引入先进的技术和方法，提升劳动教育的实效性和教育质量。

增强学生就业竞争力：产业界的合作可以为学生提供实习、实训和就业机会，增强他们的就业竞争力。

2. 合作平台的构建要素

产业界参与设计课程：鼓励企业代表参与制订劳动教育课程，确保课程内容与实际需求相匹配。

实习与实训机会：建立实习和实训基地，为学生提供实际操作的机会，培养实际技能和职业素养。

专业讲座与指导：邀请产业界专家举办讲座，分享行业动态和经验，指导学生的学习和职业规划。

3. 实施步骤与策略

建立合作机制：设立联合委员会，由高校和产业界代表组成，定期讨论合作事宜，制订合作计划。

制定合作协议：高校与企业可以签署合作协议，明确合作内容、目标和责任，确保合作的顺利进行。

推动政策支持：政府可以制定相关政策，鼓励和支持高校与产业界的合作，提供相应的资金和政策支持。

建立资源共享平台：建立在线平台，供高校和企业分享教育资源、实践案例和信息，促进合作交流。

4. 成功案例

德国的"双元制"教育模式：德国成功地将职业教育与实际产业需求相结合，培养了大量的技术人才。

产学研合作基地：一些地区建立了产学研合作基地，将高校、企业和研究机构联系在一起，共同推动技术创新和人才培养。

5. 面临的挑战与解决途径

利益平衡：高校和产业界的合作可能涉及利益分配问题。可以通过制定明确的合作协议，确保各方的权益得到保障。

教育与产业脱节：产业发展迅猛，但教育内容更新较慢。建立产业咨询委员会，定期评估课程内容，保持与产业的紧密联系。

6. 展望未来

建立产业界与高校劳动教育的合作平台有望在未来进一步深化和拓展。随着科技进步和产业变革，合作的范围和方式也将变得更加多样化和灵活化。

建立产业界与高校劳动教育的合作平台是劳动教育现代化的重要举措。通过充分利用产业界资源，贴近实际需求，为学生提供更好的实践机会，助力他们在未来社会和职场中取得更大的成功。这种合作模式将不仅推动劳动教育的改革，也促进产业发展和社会进步的融合。

二、企业参与课程设计与实施

劳动教育是培养学生实践动手能力、合作意识和创新思维的重要途径。为了使劳动教育更加贴近实际需求，提升学生的职业素养，企业参与劳动教育课程设计与实施变得至关重要。本节将探讨为何企业应该参与劳动教育，以及如何在课程设计和实施中充分融入企业的资源和经验。

1. 企业参与劳动教育的重要性

紧密结合实际需求：企业了解行业的最新发展和需求，能够帮助调整劳动教育课程内容，使其更符合实际。

提升职业素养：企业参与可以为学生提供职业导向的指导，培养他们的职业素养和实际技能。

促进就业机会：企业了解市场需求，有助于培养与市场需求相匹配的人才，提升学生的就业竞争力。

2. 企业参与的方式

课程设计与制定：企业代表可以参与劳动教育课程的制定，确保课程内容贴合实际，强化实际技能培训。

实践教学基地：企业可以提供实习和实训基地，为学生提供实际操作的机会，培养实际动手能力。

专家讲座与导师制：邀请企业专家举办讲座，分享行业经验，同时可以设立企业导师，为学生提供职业指导。

3. 实施步骤与策略

建立合作机制：高校与企业可以建立合作委员会，定期协商合作事宜，制订合作计划。

需求调研与分析：通过调研市场需求，了解行业发展趋势，为劳动教育提供更精准的指导。

制定合作协议：高校与企业可以签署合作协议，明确双方的权益和责任，确保合作的顺利进行。

教师培训与交流：高校教师可以参与企业的培训和交流活动，了解行业前沿知识，提升教育水平。

4. 成功案例

德国的"徒师制"教育模式：德国企业与学校合作，为学生提供实习机会，培养与市场需求匹配的技术人才。

产学研合作基地：一些地区建立了产学研合作基地，为学生提供实践机会，推动产业创新。

5. 面临的挑战与解决途径

利益平衡：高校和企业的合作可能涉及利益分配问题。制定明确的合作协议，保障各方的权益。

沟通与协调：高校和企业可能存在沟通障碍。建立合作平台，提供信息共享和交流的渠道。

时间和资源投入：企业参与需要投入时间和人力资源。鼓励企业制订长期合作计划，形成稳定的合作关系。

6. 展望未来

随着产业的发展和技术的进步，企业参与劳动教育将更加深入和广泛。在未来，劳动教育将与实际产业更加紧密地结合，为学生提供更多实践机会和职业指导。

企业参与劳动教育课程设计与实施是促进学生综合素质提升和职业发展的关键一步。通过充分利用企业资源和经验，将劳动教育与实际产业需求相结合，为学生创造更丰富的学习体验，培养更具有竞争力的人才。这种合作模式既符合时代发展的趋势，也有助于推动教育创新与产业升级的有机融合。

第四节　教育评价体系的建立与完善

一、评价指标与标准的修订

劳动教育作为培养学生实践能力、创新思维和合作精神的重要手段，在当今社会中扮演着重要的角色。然而，劳动教育的评价体系不仅需要跟上时代的步伐，还需要与实际需求相匹配。本节将探讨劳动教育评价指标与标准的修订的重要性，以及如何适应不断变化的社会环境。

1. 评价体系的重要性

提升教育质量：评价体系可以促使学校和教育机构不断优化劳动教育内容和方法，提高教育质量。

反映实际需求：评价体系应与社会产业发展需求相契合，培养更符合市场需求的人才。

指导学生发展：评价体系可以为学生提供明确的发展目标，指导他们全面发展。

2. 修订的原则与方法

关注综合素质：评价不仅应关注实际技能，还应涵盖创新、合作、沟通等综合素质。

紧密结合产业：评价标准应与相关产业的需求密切结合，促进劳动教育与实际产业融合。

灵活适应：评价体系应具备灵活性，能够适应不同学生的兴趣和特点，鼓励多元发展。

周期性修订：评价标准应定期修订，与时俱进，跟上社会发展的步伐。

3. 修订的内容与方向

实践能力：强化实践技能培养，评价学生在实际操作中的表现和创新能力。

团队协作：引入团队协作评价，考查学生在团队合作中的角色和贡献。

职业素养：引入职业素养评价，关注学生的职业道德、责任感和职业规划。

创新能力：加强对创新能力的评价，鼓励学生在实践中寻求创新和改进。

4. 实施步骤与策略

调研与分析：调研产业需求、社会变化，分析学生应具备的新型素质。

专家咨询：邀请教育专家、行业专家参与修订，确保评价标准的科学性和实用性。

教师培训：提供教师培训，使其熟悉修订后的评价标准，更好地指导学生发展。

逐步实施：评价体系的修订可以分阶段实施，逐步调整和完善。

5. 成功案例

芬兰的综合素质评价：芬兰的评价体系注重综合素质，为学生提供全面发展的机会。

行业认证：一些行业建立了特定的认证体系，对学生的实践能力和专业素养进行评价。

6. 面临的挑战与解决途径

标准多样性：不同行业和地区的标准可能存在差异。制定通用的核心素质标准，同时允许个性化发展。

资源投入：评价体系的修订需要投入人力、物力。政府可以提供支持，促进评价体系的升级。

权衡综合性与实际性：在评价中平衡综合素质与实际技能，避免过于理论化或过于实际化。

7. 展望未来

修订劳动教育评价指标与标准是一个持续不断的过程。随着社会的不断发展和变化，评价体系需要保持灵活性，不断更新，以适应新的挑战和机遇。

劳动教育评价体系的修订是促进学生全面发展的关键一环。通过制定科学的、符合实际需求的评价指标与标准，可以更好地引导学生成长，培养适应未来社会的新型人才。评价体系的不断更新将有助于推动劳动教育与社会需求的深度融合，为学生的未来发展提供坚实的支持。

二、建立学生综合素质档案与管理体系

学生劳动教育综合素质的培养在现代教育中具有重要意义。为了更好地记录、评价和管理学生的劳动教育成果，建立学生劳动教育综合素质档案与管理体系显得尤为关键。本节将探讨为何需要建立这样的体系，以及如何有效实施。

1. 学生劳动教育综合素质档案的重要性

全面展示学生发展：通过综合素质档案，可以全面记录学生在劳动教育中展现的实践能力、创新精神和合作意识等综合素质。

个性化发展指导：综合素质档案可以为每位学生提供个性化的发展指导，帮助他们充分发挥优势、克服不足。

支持评价和认证：综合素质档案可以作为评价学生劳动教育成果的依据，支持学生的认证和评价。

2. 档案与管理体系的构建要素

档案内容和指标：设计明确的档案内容，包括实际操作成果、创新项目、合作经历等，制定相应的评价指标。

数据收集与记录：设立数据收集渠道，如实践记录、项目报告等，确保档案内容的真实可信。

评价和反馈机制：设计评价和反馈机制，包括教师评价、同伴评价和自我评价等，为档案内容提供多维度的信息。

指导和发展规划：基于档案内容，为学生提供个性化的指导和发展规划，帮助他们做出明智的发展决策。

3. 实施步骤与策略

制定档案指南：制定明确的档案指南，包括档案内容、收集方式、评价标准等，提供操作指引。

数据收集平台：建立在线平台或系统，方便学生上传实践成果和报告，教师进行评价和反馈。

综合评价委员会：设立专门的综合评价委员会，由教师、行业专家等组成，对档案内容进行审核和评价。

个性化发展咨询：提供个性化的发展咨询服务，根据档案内容，为学生制定发展规划和目标。

4. 成功案例

新加坡的学生综合素质档案：新加坡引入学生综合素质档案，记录学生在学习、实践、社会参与等方面的发展成果。

大学生素质档案平台：一些高校建立了学生素质档案平台，帮助学生记录和管理自己的综合素质。

5. 面临的挑战与解决途径

隐私和安全问题：学生信息涉及隐私问题。应确保数据收集平台的安全性，严格控制数据的使用范围。

数据真实性：一些学生可能存在虚假填报情况。应建立审核机制，确保档案内容的真实性和可信度。

学生主动性：学生可能对档案填报缺乏积极性。应鼓励学生认识到档案的价值，加强宣传和引导。

6. 展望未来

学生劳动教育综合素质档案与管理体系的建立将更加普及和完善。随着技术的进步，可能会出现更多智能化的数据收集和管理工具。

建立学生劳动教育综合素质档案与管理体系有助于充分展示学生在劳动教育中的表现，引导他们更有针对性地发展。通过科学的数据收集和评价，可以为学生提供更有效的发展指导，培养更具有实际能力和创新意识的人才。这一体系的建立不仅有利于学生的个人成长,也有助于推动劳动教育的深化与发展。

第九章 劳动教育的理论与实践创新

第一节 劳动教育理论体系的构建

一、劳动价值观与职业发展理论

劳动价值观和职业发展理论在个人和社会的成长中都具有重要意义。劳动价值观是人们对劳动的认知、态度和价值判断，而职业发展理论则是指导个人在职业生涯中做出选择和决策的框架。本节将探讨劳动价值观和职业发展理论的概念、重要性以及它们之间的关系。

1. 劳动价值观的概念与重要性

劳动价值观定义：劳动价值观是人们对劳动、工作和职业的信仰、态度和看法，体现了个体对劳动的重要性和意义的认知。

重要性：劳动价值观影响个体对工作的投入、动力和满意度，也影响着整个社会的劳动氛围和劳动文化。

2. 劳动价值观的影响因素

文化背景：不同文化对劳动的看法不同，影响劳动价值观的形成。

家庭教育：家庭对劳动的态度和价值观会在儿童成长过程中起到重要作用。

社会环境：社会的价值观和经济状况也会影响个人对劳动的看法。

3. 职业发展理论的概念与重要性

职业发展理论定义：职业发展理论是一种关于个体在职业生涯中成长和发展的框架，帮助个体制定职业目标、规划职业路径并做出决策。

重要性：职业发展理论能够帮助个人了解自己的兴趣、能力和价值观，指导职业规划和职业决策，实现更具有成就感和满足感的职业生涯。

4. 劳动价值观与职业发展理论的关系

影响关系：个人的劳动价值观会影响他们的职业选择和发展方向。一个人认同劳动的价值，可能会更倾向于选择与个人价值观相符的职业。

互相塑造：职业发展也会影响个人的劳动价值观。职业生涯中的经历和成就可能会加深或改变个人对劳动的看法。

5. 常见的职业发展理论

霍兰德职业兴趣理论：将人们的职业兴趣分为六种类型，帮助个人找到与自己兴趣相符的职业。

超级理论：强调职业生涯是一个不断调整和适应的过程，个体会根据个人和环境的变化进行职业规划。

自我效能理论：强调个人的信心和自我效能感会影响他们的职业选择和发展。

6. 培养健康的劳动价值观和职业发展

教育培训：学校和社会应当注重培养正确的劳动价值观，帮助学生认识到劳动的重要性和意义。

职业规划：个人应当充分了解自己的兴趣、能力和价值观，制订清晰的职业规划，实现有意义的职业发展。

7. 展望未来

随着社会的不断变化和职业形态的多样化，劳动价值观和职业发展理论也将继续发展和演变，为个人和社会带来更多的启发和指导。

劳动价值观和职业发展理论是引导个体成长和社会进步的重要理念。通过培养正确的劳动价值观和应用合适的职业发展理论，可以帮助个人在职业生涯中更好地实现个人价值，同时为社会的发展做出贡献。

二、劳动教育与人格培养理论

劳动教育是培养学生实践能力、创新意识和塑造健康人格的重要途径。人格培养理论强调个体的道德、情感和社会性等方面的发展。本节将探讨劳动教育与人格培养理论之间的关系、重要性以及如何通过劳动教育促进人格的全面发展。

1. 劳动教育与人格培养的关系

互相促进：劳动教育和人格培养是相辅相成的过程。劳动教育能够为人格培养提供实践基础，而人格培养则能够使劳动教育更富有内涵。

劳动实践与人格塑造：通过劳动实践，个体可以培养坚韧、耐心和自律等品质，从而形成积极向上的人格特征。

合作与情感培养：劳动中的合作和团队协作有助于培养个体的情感表达、沟通和共情能力，提升社会性格。

2. 劳动教育对人格培养的重要性

塑造价值观：劳动教育可以通过亲身体验，让学生体会到劳动的价值，培养正直、责任和公平的道德观念。

培养品德：通过劳动，个体能够培养勤劳、坚韧和坚持的品德，使他们在面对困难时更具有抗压能力。

发展情感：劳动教育可以激发学生的情感体验，培养他们的同情心、友善和共情能力。

锻炼意志：劳动需要付出努力和坚持，从而锻炼个体的意志力和自律能力。

3. 劳动教育与人格培养理论的结合

自我认知与自我实现：通过劳动实践，个体能够更好地了解自己的兴趣、能力和价值观，从而更有针对性地实现个人的人格发展目标。

情感培养与社会性格：劳动中的合作和交往有助于培养情感表达和社会性格的发展，从而形成具有共情和合作精神的人格特质。

道德观念与社会责任：劳动教育能够培养个体的道德观念和社会责任感，使他们在日常生活中更加注重社会贡献。

4. 劳动教育实践策略

情感体验：创造情感共鸣的劳动实践，引发学生的情感体验和情感表达，培养情感智能。

合作项目：设计合作性的劳动项目，鼓励学生在团队中合作，培养社会性格和合作精神。

道德讨论：在劳动教育中引入道德讨论，引导学生思考道德问题，培养正确的价值观。

自我规划：在劳动实践中鼓励学生自主制定目标和计划，培养自我意识和自我控制力。

5. 成功案例

蒙特梭利教育法：蒙特梭利教育法强调实践和自主学习，鼓励儿童通过劳动实践来培养品德、自律和社会性格。

职业技术学校项目：一些职业技术学校将劳动教育与人格培养理论相结合，培养学生的实践能力和职业道德。

6. 面临的挑战与解决途径

教育体制：现有的教育体制可能过于注重知识传授，忽视了劳动教育的重要性。需要推动教育改革，更好地融入劳动教育。

评价体系：学校评价体系偏重学术成绩，对劳动实践和人格培养的评价尚不充分。需建立多元化的评价机制，更好地反映学生全面发展。

培训师资：教师在劳动教育中的角色至关重要，但培训师资和引导方法仍需加强，以更好地促进人格培养。

7. 展望未来

随着教育理念的不断深化和社会的变革，劳动教育与人格培养理论的结合将更加密切。在未来，劳动教育将成为培养具有健全人格和社会责任感的新一代人才的重要途径。

劳动教育和人格培养理论的结合是培养健康、积极、有创造力的个体的关键一环。通过实践、合作、情感培养等方式，劳动教育可以帮助个体发展积极的人格特质，培养出更具有社会责任感和价值观的人才。这种结合不仅有助于个体的成长，也有助于社会的进步和发展。

第二节 实践案例与经验总结

一、高校劳动教育成功案例分享

高校劳动教育在培养学生实践能力、塑造人格和提升综合素质方面扮演着重要角色。本节将分享四个成功的高校劳动教育案例，探讨它们在培养学生能力、促进综合素质提升和推动社会责任感发展方面的作用与经验。

1. 案例一：清华大学"劳动与动手能力教育"项目

项目简介：清华大学推出的"劳动与动手能力教育"项目，旨在让学生通过实际的劳动实践，培养动手能力、创新思维和团队合作。

实施方式：学生在课程中参与不同类型的劳动实践，如手工制作、电子器件组装等。同时，还鼓励学生自主参与社会志愿劳动，增强社会责任感。

取得成效：项目培养了学生的动手能力和创新意识，增强了他们的实践能力。学生对劳动的认识也更加全面，理解了劳动的价值和意义。

2. 案例二：上海交通大学"创客学院"劳动教育项目

项目简介：上海交通大学创客学院致力于培养学生的创新创业精神，通过劳动实践和创客活动，提升学生的实践能力和创新能力。

实施方式：学生可以在创客学院进行各种创新项目和科技制作，同时参与创业训练和比赛，培养创新思维和团队协作。

取得成效：该项目培养了学生的创新意识和实际操作能力，鼓励他们在实践中寻求新的解决方案。许多学生在项目中获得了创业机会。

3. 案例三：复旦大学社会实践劳动教育项目

项目简介：复旦大学通过组织社会实践活动，让学生走出校园，深入社会，参与公益劳动，培养社会责任感和公民素质。

实施方式：学生可以参与各类社会实践项目，如环保活动、农村支教等。通过亲身参与，增强社会意识和责任感。

取得成效：项目帮助学生更好地理解社会问题，培养了他们的社会责任感和公民素质。同时，也为社会提供了更多的公益力量。

4. 案例四：北京大学"社区劳动教育"项目

项目简介：北京大学的"社区劳动教育"项目旨在让学生深入社区，了解社会基层问题，通过实际劳动提升社会意识和公民素质。

实施方式：学生组织社区调研，参与社区服务和劳动，了解社会问题和需求。通过实践，增强社会参与意识。

取得成效：项目帮助学生更加关注社会问题，培养了他们的社会责任感和公民素质。同时，也促进了学生与社区的互动。

5. 成功经验与启示

注重实践体验：成功案例中普遍注重学生的实际操作，通过亲身参与，增强了学生的实践能力和动手能力。

强调创新与合作：劳动教育项目多注重创新能力的培养，鼓励学生在实践中寻求创新解决方案，并倡导团队合作。

关注社会责任：一些项目强调社会责任感的培养，让学生在实践中体验到劳动的社会价值，培养了社会责任感和公民素质。

6. 面临的挑战与展望

资源投入：高校劳动教育项目需要投入人力、物力等资源。需要更多的支持和资金，以推动项目的持续发展。

课程整合：高校劳动教育需要与课程整合，避免与学术课程发生冲突，确保学生能够充分参与。

评价体系：高校劳动教育项目的评价体系还需要进一步完善，确保对学生的综合能力和素质进行全面评价。

7. 结语

高校劳动教育在培养学生实践能力、塑造人格和提升综合素质方面发挥着重要作用。通过上述成功案例的分享，我们可以看到高校劳动教育在培养学生动手能力、创新精神和社会责任感方面的成效。这些案例不仅是成功的实践经验，也为其他高校提供了宝贵的启示。

未来，高校劳动教育还可以朝以下方向发展：

跨学科整合：高校可以将劳动教育与不同学科整合，形成跨学科的教育模式。例如，将工程技术、设计艺术等领域与劳动实践相结合，培养更多创新型人才。

国际交流：高校可以加强国际交流与合作，将不同国家的劳动教育经验进行交流，借鉴国际先进做法，丰富劳动教育内容。

实践与研究相结合：高校可以鼓励教师和学生将劳动实践与学术研究相结合，探索劳动与学术的互动关系，促进知识的创新。

社会合作：高校可以与社会企业、非营利组织等合作，丰富劳动实践的内容，让学生更好地了解社会需求，培养社会责任感。

个性化发展：高校可以根据学生的兴趣、能力和发展目标，提供个性化的劳动教育方案，帮助他们实现更全面的成长。

高校劳动教育在培养学生实践能力、创新意识、社会责任感等方面有着不可替代的作用。通过分享成功案例，我们可以看到不同高校通过创新的方法，将劳动教育与人格培养、创新能力培养等目标相结合，取得了显著的成效。未来，高校可以在资源整合、课程设计、评价体系等方面继续加强，以更好地培养具有实践能力、创新思维和社会责任感的新一代人才，为社会发展做出更大贡献。

二、实践经验与教训的启示

劳动教育在培养学生实践能力、塑造人格和提升综合素质方面发挥着重要作用。在实践中,高校和教育机构积累了丰富的经验和教训。本节将分享劳动教育实践中的经验和教训,以及从中获得的启示,以期更好地推动劳动教育的发展。

(一)经验分享

1. 培养实践能力

情境化学习:将理论知识与实际操作相结合,通过模拟实际场景进行学习,提升学生实际动手能力。

项目驱动:设计有挑战性的项目,鼓励学生通过实际实践来解决问题,培养创新思维和解决实际问题的能力。

2. 培养创新意识

开放式问题:提出开放性问题,引导学生寻求多种解决方案,培养创新思维和多元化的观点。

创客活动:组织创客活动,让学生通过自主设计、制作和实践,培养创新和实际操作能力。

3. 培养社会责任感

社会实践:安排学生参与社会实践,让他们亲身体验社会问题,培养社会责任感和公民素质。

志愿服务:鼓励学生参与志愿服务,帮助他们了解社会需求,培养乐于助人的精神。

4. 融合学科知识

跨学科整合:将不同学科的知识融合到劳动教育中,丰富课程内容,培养学生多领域的综合素质。

案例分析:借助实际案例,引导学生运用学科知识分析和解决实际问题,提升综合运用能力。

（二）教训反思与启示

1. 避免知识脱节

教学内容与实际脱节：有时课堂教学与实际劳动脱节，导致学生无法将所学知识运用到实际中。需要确保教学内容与实际操作紧密结合。

2. 个性化发展

忽视学生差异：有些劳动教育项目忽视了学生的兴趣和能力差异，导致部分学生无法充分发挥潜力。应该根据学生的个性提供不同的选择和指导。

3. 社会需求对接

缺乏实际需求：一些劳动教育项目与社会实际需求脱节，导致学生毕业后难以找到与所学技能对接的职业。需要更好地了解社会需求，调整教学内容。

4. 评价体系建设

单一评价标准：部分劳动教育项目评价体系过于单一，只重视学术成绩，忽视了实际实践和综合素质。应建立多元化的评价体系。

（三）启示与展望

1. 综合素质培养

劳动教育与综合素质：劳动教育应当与综合素质培养紧密结合，培养学生的实践能力、创新意识、社会责任感等。

2. 实践导向教学

问题导向教学：引导学生从实际问题出发，进行劳动实践，培养解决问题的能力，让学生更好地将所学知识应用于实际。

案例驱动教学：利用实际案例，引导学生进行实践操作和分析，培养学生的实际操作能力和综合分析能力。

3. 个性化发展

个性化指导：根据学生的兴趣、能力和职业规划，提供个性化的劳动教育方案，帮助他们更好地实现个人发展目标。

多样化选择：提供不同类型的劳动实践项目，让学生根据自身特点进行选择，增强积极性和参与度。

4. 与社会需求对接

产业合作：与企业、社会机构合作，了解实际需求，根据社会职业发展趋势调整劳动教育内容，提升学生就业竞争力。

社会问题解决：引导学生从社会问题出发，通过劳动实践解决实际问题，培养学生的社会责任感和创新能力。

5. 评价体系建设

多元化评价：建立多元化的评价体系，综合考量学生的学术成绩、实际操作能力、创新能力和社会责任感，更全面地评价学生综合素质。

（四）展望未来

劳动教育作为培养学生实践能力、创新意识和社会责任感的重要手段，将在未来继续发挥重要作用。随着社会的不断发展和变化，劳动教育也需不断创新、与时俱进。通过总结经验教训，我们可以更好地指导劳动教育的实践，为培养具有全面素质的新一代人才贡献更多力量。

劳动教育实践经验与教训的启示告诉我们，在推动劳动教育发展的过程中，要注重培养学生的实践能力、创新意识和社会责任感，避免知识脱节，关注个性化发展，将教育内容与社会需求对接，建立多元化的评价体系。通过不断的探索和实践，我们可以为高校劳动教育的发展提供更有力的支持，培养更多具有创新能力和社会责任感的优秀人才。

第三节　创新教育技术在劳动教育中的应用

一、虚拟现实与仿真技术在劳动教育中的应用

虚拟现实（Virtual Reality，简称 VR）和仿真技术在近年来取得了显著的发展，广泛应用于教育领域。劳动教育作为培养学生实践能力、创新思维和社会责任感的重要手段，也可以从虚拟现实和仿真技术中获益。本节将探讨虚拟现实与仿真技术在劳动教育中的应用，以及其带来的影响和未来发展方向。

（一）虚拟现实与仿真技术概述

虚拟现实技术通过计算机生成的视觉和声音，模拟出一种逼真的虚拟

环境，让用户感觉自己置身其中。而仿真技术则是通过建立模型来模拟实际过程或场景，以便进行实验、训练和测试。

（二）劳动教育中的虚拟现实与仿真技术应用

1. 实践操作模拟

虚拟实验室：在劳动教育中，可以建立虚拟实验室，让学生进行实验操作，培养实践技能，减少实验材料的浪费和风险。

职业技能训练：利用虚拟现实技术，模拟真实工作环境，让学生进行职业技能训练，提前适应工作场景。

2. 创新设计体验

虚拟创意工作坊：学生可以利用虚拟现实技术创建自己的创意作品，进行虚拟创意工作坊，培养创新思维和设计能力。

产品设计仿真：通过仿真技术，学生可以对产品进行虚拟设计和测试，评估产品性能和外观，提升产品设计水平。

3. 社会责任体验

社会问题模拟：利用虚拟现实技术，模拟社会问题场景，让学生亲身体验，并思考解决方案，培养社会责任感和公民素质。

志愿服务仿真：学生可以在虚拟环境中进行志愿服务活动，体验不同社会角色，增强对社会问题的认识。

4. 跨学科融合

跨领域合作：虚拟现实和仿真技术可以实现不同学科的融合，如工程、艺术、医学等，提供更全面的教育体验。

历史重现：借助虚拟现实技术，可以模拟历史事件，让学生身临其境，更好地理解历史背景和文化。

（三）影响与优势

提升实践能力：虚拟现实和仿真技术让学生可以在虚拟环境中进行实际操作，增强实践能力，减少实际风险。

拓展学习场景：学生不再局限于实际环境，可以通过虚拟现实技术参与更广泛的学习场景，从而拓展知识面。

增强创新意识：虚拟创意工作坊和设计仿真能够激发学生的创新思维，鼓励他们尝试新的设计和创意。

培养社会责任感：通过虚拟社会问题模拟，学生可以更深入地体验社会问题，培养社会责任感和关怀之心。

提升教学效果：虚拟现实和仿真技术能够增加学生的参与度和兴趣，提升教学效果，使学习更加生动有趣。

（四）发展趋势与挑战

深度融合：虚拟现实和仿真技术将会更深度地融入劳动教育，为学生提供更真实的学习体验。

技术创新：随着技术的不断发展，虚拟现实和仿真技术将会变得更加高效、逼真和互动。

师资培训：教师需要接受相关培训，掌握虚拟现实和仿真技术的教学应用方法，以充分发挥其潜力。

教育平台建设：建设虚拟现实和仿真技术的教育平台，满足教学需求，为学生提供丰富的学习资源。

虚拟现实与仿真技术在劳动教育中的应用为学生提供了更加丰富、多样化的学习体验，拓展了传统劳动教育的边界。通过模拟实际场景、操作过程和社会问题，这些技术让学生能够更深入地参与到学习中，培养实践能力、创新思维和社会责任感。然而，虚拟现实与仿真技术的应用也面临着一些挑战，需要教育机构、教师和技术开发者共同努力解决。

（五）推动虚拟现实与仿真技术在劳动教育中的应用

教育机构支持：学校和教育机构应该积极投入资源，建设适合虚拟现实和仿真技术应用的教育环境，为学生提供更好的学习体验。

教师培训：教师需要接受虚拟现实和仿真技术的培训，掌握这些技术的教学方法和应用技巧，以更好地引导学生。

多元化内容：开发丰富多样的虚拟现实和仿真内容，涵盖不同学科领域和实践场景，满足学生的不同需求。

技术创新：积极关注虚拟现实与仿真技术的最新发展，采用先进的技术手段，提升虚拟体验的逼真度和交互性。

虚拟现实与仿真技术在劳动教育中的应用为学生提供了更加丰富、真实的学习体验，促进了实践能力、创新思维和社会责任感的培养。然而，应用过程中也需要克服一些挑战，需要教育界和技术界共同合作推动这些技术在劳动教育中的创新应用。通过持续的努力，虚拟现实与仿真技术将为劳动教育的未来发展带来更多机遇和潜力。

二、在线学习平台与资源的整合

随着信息技术的迅猛发展,在线教育成为教育领域的一个重要方向。在劳动教育中,借助在线学习平台和资源的整合,可以为学生提供更丰富的学习内容和多样化的学习方式。本节将探讨在线劳动教育学习平台与资源的整合,以及如何充分利用这些工具促进学生的实践能力、创新思维和社会责任感的培养。

(一)在线劳动教育学习平台的重要性

在线学习平台为劳动教育提供了一个灵活、便捷的教学环境。学生可以随时随地通过互联网进行学习,根据个人兴趣和进度自主选择学习内容,提高学习的灵活性和效率。通过在线学习平台,劳动教育可以更好地满足不同学生的需求,打破时间和地域的限制。

(二)在线劳动教育平台与资源的整合策略

1. 丰富多样的课程内容

课程视频:在线平台可以提供录制的课程视频,包括实际操作演示、技能培训等,让学生可以随时观看,理解实际操作过程。

虚拟实验:利用虚拟现实技术,模拟实验环境,让学生在虚拟环境中进行实验操作,增强实践能力。

2. 互动学习和实践机会

在线讨论:学生可以在平台上参与讨论,交流学习经验和心得,激发创新思维,共同解决问题。

项目合作:设计在线项目,让学生组成团队,通过虚拟合作完成任务,培养团队合作和创新能力。

3. 社会问题模拟和案例分析

虚拟场景:利用虚拟现实技术,模拟社会问题场景,让学生在虚拟环境中体验,增强对社会问题的认识。

案例分析:提供实际案例,让学生通过分析和解决案例,培养解决问题和创新的能力。

4. 自主学习和个性化发展

自主选择:学生可以根据自身兴趣和需求,自主选择学习内容,更好地发展个人潜力。

学习计划：提供个性化学习计划，根据学生的兴趣和学习进度，推荐相应的课程和资源。

（三）整合带来的影响和优势

1. 提升学习体验

在线学习平台和资源的整合为学生提供了丰富多样的学习内容和学习方式，增强了学习的趣味性和参与感。

2. 培养实践能力

利用虚拟实验和模拟场景，学生可以进行实际操作的模拟，培养实践能力和技能。

3. 促进创新思维

在线讨论、虚拟创意工作坊等方式可以激发学生的创新思维，鼓励他们尝试新的设计和创意。

4. 培养社会责任感

通过社会问题模拟和案例分析，学生可以更深入地了解社会问题，培养社会责任感和公民素质。

5. 个性化发展

学生可以根据自身兴趣和需求选择学习内容，发展个人特长和潜力。

（四）发展趋势与挑战

1. 技术创新

随着技术的不断发展，更先进的虚拟现实技术和仿真技术将会应用于在线劳动教育，提升学习体验的逼真度和交互性。

2. 多元化内容

随着在线劳动教育平台的发展，需要不断更新和丰富课程内容，涵盖不同领域的实践操作和技能培训，以满足学生的多样化需求。

3. 教师培训与指导

教师需要适应在线教学的模式，掌握虚拟现实和仿真技术的应用方法，能够更好地引导学生进行实践操作和创新设计。

4. 学习习惯养成

对于学生来说，在线学习需要自主管理学习时间和进度，需要培养良好的学习习惯和自我管理能力。

5. 评价与反馈机制

在线劳动教育平台需要建立科学的评价体系，能够评估学生的实践能力、创新思维和社会责任感，为学生提供针对性的反馈和指导。

（五）未来展望

随着在线学习和虚拟现实技术的不断发展，劳动教育将迎来更加广阔的发展前景。通过整合在线劳动教育学习平台和丰富多样的资源，学生将能够更加全面地培养实践能力、创新思维和社会责任感，为未来社会做出更大的贡献。

在线劳动教育学习平台与资源的整合是教育领域的一个重要发展方向。通过提供丰富多样的课程内容、互动学习机会、社会问题模拟等方式，为学生提供更加灵活、多元化的学习体验。然而，要充分发挥在线平台和资源的优势，需要教育机构、教师和学生共同努力，不断创新和完善教学模式，推动劳动教育的进一步发展，培养更多具有实践能力、创新思维和社会责任感的优秀人才。

第十章 未来劳动教育的路径选择与策略

第一节 制定跨学科人才培养标准

一、跨学科教育的理念与标准

劳动教育作为培养学生综合素质、实践能力和创新意识的重要手段，在当今社会中受到越来越多的关注。跨学科教育则强调不同学科之间的融合与交叉，以促进综合性的学习和思考。本节将探讨劳动教育与跨学科教育的理念相结合，以及建立跨学科劳动教育标准的重要性与方式。

（一）劳动教育与跨学科教育的理念相结合

劳动教育强调培养学生的实践能力、创新思维和社会责任感，而跨学科教育强调不同学科之间的交叉和融合，以提供更全面的知识视角。将这两者结合，可以使劳动教育更加丰富、深入，培养出更具综合素质的学生。

（二）跨学科劳动教育的理念

1. 综合性知识体系

跨学科劳动教育应建立综合性的知识体系，将不同学科的知识有机融合，为学生提供更广阔的学科视野。

2. 实际问题驱动

以实际问题为驱动，引导学生从多学科角度出发，进行问题分析和解决，培养综合应用能力。

3. 创新思维培养

跨学科劳动教育鼓励学生运用不同学科的思维方式，创造性地解决问题，培养跨学科思维和创新意识。

4. 社会责任感培养

通过多学科的视角，使学生更深刻地认识社会问题，培养社会责任感和公民素质。

（三）建立跨学科劳动教育标准的重要性

建立跨学科劳动教育标准有助于规范教学实践，提高教育质量。标准化的教育体系可以为学生提供更明确的学习目标和评价体系，使劳动教育更加有针对性和有效性。

（四）建立跨学科劳动教育标准的方式

1. 跨学科课程设计

设计课程时，可以融合不同学科的知识和内容，让学生在解决实际问题的过程中涉及多学科思维和方法。

2. 教学团队协作

教师团队中可以包括来自不同学科背景的成员，共同协作设计课程，确保跨学科视角的充分体现。

3. 跨学科项目实践

组织跨学科的项目实践，让学生在团队中合作解决问题，体验不同学科的融合与交叉。

4. 跨学科评价体系

建立综合的跨学科评价体系，从多角度评估学生的实践能力、综合知识运用能力和创新能力。

（五）跨学科劳动教育的未来展望

1. 培养全面人才

跨学科劳动教育可以培养更具综合素质的人才，他们能够涉足多个领域，应对复杂多变的社会问题。

2. 推动创新发展

通过跨学科思维的培养，学生可以更好地跳出学科边界，创造性地解决问题，推动社会的创新发展。

3. 提升教育质量

建立跨学科劳动教育标准有助于提高教育质量，确保教育目标的达成，为学生的综合素质提供更有力的支持。

跨学科劳动教育的理念与标准的建立将为学生提供更丰富、多元的教育体验，培养更具实践能力、创新思维和社会责任感的综合性人才。通过跨学科视角，劳动教育可以更好地融入实际问题，培养学生综合运用知识解决问题的能力，为社会的可持续发展做出贡献。

二、跨学科课程体系的设计与实施

随着社会的不断变化和发展，传统的学科教育已经不能完全满足培养学生综合素质和实践能力的需求。跨学科教育强调不同学科之间的融合与交叉，培养学生的跨学科思维和解决问题的能力。在劳动教育中，跨学科课程体系的设计与实施可以更好地培养学生的实践能力、创新意识和社会责任感。本节将探讨劳动教育跨学科课程体系的设计与实施，以及如何有效整合不同学科的内容，促进学生全面发展。

（一）跨学科课程体系的设计原则

1. 整合学科内容

跨学科课程体系的设计应该充分整合不同学科的知识和内容，将各学科的特点和优势相结合，形成有机的融合。

2. 实际问题导向

课程设计应以实际问题为导向，让学生从多学科角度出发，探索问题的多面性，培养综合分析和解决问题的能力。

3. 创新性教学方法

跨学科教育需要采用创新的教学方法，如案例分析、团队合作、跨学科项目等，激发学生的创新思维和合作能力。

4. 灵活性与个性化

课程体系应该具有一定的灵活性，允许学生根据兴趣和需求进行选择，实现个性化发展，同时保持一定的核心内容。

（二）劳动教育跨学科课程体系的设计

1. 融合实践操作与理论知识

劳动教育的跨学科课程体系可以融合实际操作和理论知识，让学生在实践中学习，同时理解操作背后的科学原理。

2. 跨领域合作

将不同学科的知识融合在一个课程中，可以引导学生在团队合作中运用多学科知识，解决跨领域问题。

3. 虚拟现实技术与仿真实验

借助虚拟现实技术和仿真实验，设计虚拟实验室，让学生在虚拟环境中进行实验操作，培养实践能力。

4. 社会问题模拟

模拟社会问题场景，引导学生从多学科角度思考问题，提出解决方案，培养社会责任感和创新能力。

（三）跨学科课程体系的实施策略

1. 教师团队协作

跨学科课程体系的实施需要教师团队的协作，各学科教师共同设计课程，确保跨学科内容的融合。

2. 学生导向的教学

引导学生参与课程设计和实施过程，根据学生的兴趣和需求进行个性化的学习，提升学习积极性。

3. 跨学科项目实践

组织跨学科的项目实践，让学生在实际问题中运用多学科知识，培养团队协作和解决问题的能力。

4. 跨学科评价体系

建立综合的跨学科评价体系，从实践能力、综合知识运用能力、创新能力等多角度评估学生的综合素质。

（四）实施效果与挑战

1. 实施效果

跨学科课程体系的实施可以培养学生更全面的素质，提高实践能力和创新思维，使学生更适应多学科融合的社会环境。

2. 挑战

（1）教师培训与准备：实施跨学科课程需要教师具备跨学科知识和教

学方法的能力，因此需要进行相关的培训和准备工作。

（2）课程内容整合：跨学科课程的内容整合需要克服学科之间的界限和差异，确保内容的流畅衔接，不过度强调某一学科。

（3）资源支持：跨学科教育需要涵盖多学科的教材、实验设备、技术支持等资源，需要投入更多的资源来支持课程的实施。

（4）评价体系建设：建立合适的跨学科评价体系是一个挑战，需要从多角度评价学生的综合素质和学科知识。

（五）跨学科劳动教育的未来展望

1. 综合素质培养

跨学科课程体系的实施将培养出更具综合素质的学生，他们能够在多领域中灵活运用知识解决问题。

2. 创新能力提升

跨学科思维培养和实际问题导向的教学方法有助于激发学生的创新思维，推动创新能力的提升。

3. 社会责任感培养

通过社会问题模拟和实际项目实践，学生将更深刻地认识社会问题，培养社会责任感和公民素质。

劳动教育的跨学科课程体系的设计与实施是一个既有挑战，又有潜力的领域。通过整合不同学科的知识、实践和思维方式，培养学生的综合素质、创新能力和社会责任感。虽然实施过程可能面临一些难题，但通过教师培训、资源支持和评价体系建设，可以克服这些挑战，取得良好的教育效果。未来，跨学科劳动教育将在培养学生的综合能力、培养社会各界所需要的人才方面发挥越来越重要的作用。

第二节　推动产学研深度融合

一、产业合作平台的建设与运营

在当今快速变化的社会背景下，教育的目标不仅是传递知识，更是培养学生的实践能力、创新思维和适应能力，以适应未来职业发展的需求。

为了更好地实现这一目标，劳动教育产业合作平台的建设与运营应运而生。该平台通过学校、企业、政府等多方合作，为学生提供实践机会、职业导向，使劳动教育更贴近职业实践。本节将深入探讨劳动教育产业合作平台的建设与运营，以及如何在此过程中实现各方的共赢。

（一）劳动教育产业合作平台的意义与价值

实践机会提升：劳动教育产业合作平台为学生提供了更多的实践机会，让他们能够在真实的职业环境中学习和实践，增强实际操作能力。

职业发展引导：通过与企业合作，学生可以更好地了解不同行业的需求和发展趋势，有助于他们更明确地规划自己的职业发展道路。

实际问题解决：产业合作平台使学生能够接触到实际问题和挑战，通过解决这些问题，培养创新思维和问题解决的能力。

产学研合作：劳动教育产业合作平台促进了学校与产业界的紧密合作，推动科研成果的转化和应用，促进产学研合作。

（二）劳动教育产业合作平台的建设

合作伙伴选择：选择合适的合作伙伴是平台建设的基础，包括各类企业、政府机构、职业协会等，确保合作伙伴与劳动教育目标相符。

平台架构设计：构建平台的信息架构，包括实习招聘信息、职业指导、实践项目等板块，为学生提供丰富的学习和实践机会。

资源整合与共享：整合校内外的资源，包括实验设备、实践场地等，为学生提供更多元化、实际性的学习资源。

职业导向项目开发：与合作伙伴共同开发职业导向的实践项目，让学生在实际工作场景中学习和锻炼，培养职业素养。

（三）劳动教育产业合作平台的运营

学生参与管理：鼓励学生参与平台的管理与运营，培养学生的组织协调能力和领导能力。

师资培训：为教师提供相关的培训，使他们能够更好地引导学生参与产业合作项目，将理论与实践相结合。

实践成果展示：通过展示学生的实践成果和解决方案，让学生与合作伙伴分享成果，增强合作的可见性。

持续改进：根据实际运营情况，不断优化平台的设计和运营，使其更好地满足学生和合作伙伴的需求。

（四）实施效果与挑战

实施效果：劳动教育产业合作平台的建设与运营将使学生的实践能力和职业素质得到提升，为他们未来的职业道路打下坚实的基础。

资源整合：整合多方资源，需要克服不同资源的差异和整合难题。

课程安排：如何将实践项目与课程安排合理衔接，使学生能够有序地参与实践，是一个挑战。

风险管理：实践过程中可能涉及一些潜在的风险，例如，学生在实践中的安全问题、项目合作中的冲突等，需要建立完善的风险管理机制，确保学生的安全和利益。

（五）未来展望

通过劳动教育产业合作平台的建设与运营，学生将能够更好地融入职业社会，具备实际操作能力、创新思维和适应变化的能力。未来，随着更多的学校、企业和政府参与，这种合作模式有望进一步深化，为培养适应未来职业发展需要的人才提供更多机会。

劳动教育产业合作平台的建设与运营不仅有助于学生的个人成长，也能够促进产学研合作，推动社会发展和进步。通过合作伙伴的共同努力，该平台将为学生、学校、企业等各方创造更多的价值，为教育体系的创新和完善贡献力量。希望本节能够为劳动教育产业合作平台的建设与运营提供有益的思路和实践经验，推动教育和产业的良性互动，培养更多具备实际能力和职业素质的优秀人才。

二、科研成果转化与产业创新

劳动教育作为培养学生综合素质和实践能力的重要手段，其科研成果的转化与产业创新具有重要意义。随着社会对人才培养的不断追求，劳动教育科研成果的成功转化能够为教育体系注入新的活力，同时也能为产业创新带来新的机遇。本节将深入探讨劳动教育科研成果转化与产业创新的关系，分析其价值和影响，以及在实践中如何将劳动教育的科研成果转化为产业创新的动力。

（一）劳动教育科研成果的转化价值

实践能力培养：劳动教育科研成果的成功转化可以为学生提供更多实践机会，培养他们的实际操作能力和问题解决的能力。

职业素养提升：科研成果转化能够引导学生了解不同行业的需求和发展趋势，提升他们的职业素养和职业发展规划能力。

社会问题解决：劳动教育科研成果的转化能够解决社会问题，如环保技术、社会公益项目等，为社会可持续发展贡献力量。

产学研合作：科研成果的成功转化能够促进劳动教育与产业界的合作，推动产学研合作，实现科研成果的应用和创新。

（二）劳动教育科研成果转化的路径与机制

教育实践项目：将劳动教育的科研成果转化为实际的教育实践项目，为学生提供更多的实践机会和实际操作经验。

创新创业支持：鼓励学生将劳动教育的科研成果转化为创新创业项目，提供创业支持和资源。

产业导向研究：科研成果的研究方向可以与产业的需求紧密结合，为产业创新提供技术支撑和解决方案。

产学研合作平台：建立劳动教育产学研合作平台，为科研成果的转化提供资源和合作机会，促进产业创新。

（三）产业创新的推动因素与要素

学生创新意识：科研成果转化需要学生具备创新意识和创新思维，将科研成果应用于实际问题。

师资团队支持：教师在科研成果的转化中发挥重要作用，他们的支持和指导对产业创新至关重要。

产业合作伙伴：产业界合作伙伴的支持能够将科研成果快速应用于实际产业，推动产业创新。

政策和资金支持：政府的政策和资金支持能够为科研成果转化和产业创新提供重要保障。

（四）案例分享与成功经验

院校产学研合作：一些大学通过与企业合作，将劳动教育的科研成果应用于企业实际问题的解决，实现产学研合作，促进产业创新。

学生创新项目：一些学生将劳动教育的科研成果转化为创新项目，如环保产品、社会公益项目等，为社会带来实际价值。

（五）面临的挑战与解决方案

技术与实际应用融合难度：将科研成果转化为实际应用时，需要考虑技术与实际问题的融合难度，需要教师和学生具备将科研成果应用于实际问题的能力。解决方案包括加强实际问题的调研和了解，与产业合作伙伴深入合作，确保科研成果能够切实应用于产业实践。

创新意识培养：学生的创新意识和创业能力是科研成果转化和产业创新的基础，但培养创新意识需要时间和资源。解决方案包括在教育过程中加强创新教育，提供创新创业培训，激发学生的创新潜能。

资金和资源不足：科研成果转化和产业创新需要投入一定的资金和资源，包括项目开发、市场推广等。解决方案包括寻求政府支持、引入投资者，建立与产业合作伙伴的资金共享机制，共同承担风险和投入。

劳动教育科研成果转化与产业创新将在未来继续发挥重要作用。通过将科研成果应用于实际产业，不仅能够为教育培养注入新的能量，也能够促进产业的创新和升级。在教育机构、企业和政府的共同努力下，劳动教育的科研成果将更好地服务于社会的发展，推动产业的可持续创新。

劳动教育科研成果的转化与产业创新是现代社会发展的重要组成部分。通过将劳动教育的科研成果应用于实际产业，不仅能够为学生提供更多实践机会和职业素养培养，还能够为产业创新带来新的机遇和动力。未来，应当加强各方合作，优化科研成果的转化路径和产业创新机制，为社会的可持续发展贡献力量。通过共同努力，可以实现科研成果转化与产业创新的共赢局面，推动教育和产业的融合发展。

第三节 发展综合素质评价体系

一、制定学生综合素质评价指标

学生劳动教育的目标是培养学生的实践能力、创新精神、团队合作等综合素质，使其能够更好地适应未来的职业发展和社会需求。为了实现这一目标，制定科学合理的学生劳动教育综合素质评价指标至关重要。本节将从多个维度探讨如何制定学生劳动教育综合素质评价指标，以及如何确保评价体系的科学性和有效性。

（一）确定评价维度

实践能力：包括学生在实际劳动实践中的技能运用、问题解决能力、创新能力等。

团队合作：考量学生在集体劳动中的沟通、协作、领导能力，以及与他人合作的表现。

职业素养：考查学生的职业道德、职业道德、职业规范意识等方面的表现。

创新思维：评估学生的创新意识、创意能力、创新解决问题的能力等。

（二）制定具体指标

实践能力：可以设置评价指标，如实际操作技能得分、问题解决方案质量、创新项目成果等。

团队合作：可以设定评价指标，如团队协作能力、团队内角色扮演、团队目标达成情况等。

职业素养：可以建立评价指标，如职业道德评价、职业规范遵守情况、职业态度等。

创新思维：可以制定评价，指标如创意产生频率、创新解决问题的独立性、创新成果的应用价值等。

（三）设计评价方法

综合考查：结合不同维度的评价指标，通过综合考查学生在各方面的表现，制定综合得分，反映学生的综合素质。

项目实践评价：在学生劳动实践项目中设置评价标准，根据实际表现进行评价，将实际操作能力与实践成果结合起来评价。

360度评价：采用多角度评价，包括学生自评、同学评价、教师评价、企业评价等，综合考虑学生的表现。

（四）确保评价科学有效

指标权重：设定不同指标的权重，根据学生劳动教育的目标和需求进行合理分配，确保评价体系更加准确。

专家评审：邀请相关领域的专家参与评价指标的制定，确保评价体系具有专业性和科学性。

周期性调整：根据实际效果，周期性地对评价指标进行调整和优化，使其能够适应不断变化的需求。

（五）实施与应用

将制定的学生劳动教育综合素质评价指标应用于教育实践。在教育过程中，采用科学的评价方法，全面地考查学生在实践、创新、合作等方面的表现，帮助学生发展和提升。

制定学生劳动教育综合素质评价指标是推动劳动教育发展的重要一环。通过科学合理地设置评价维度、具体指标和评价方法，可以更好地引导学生发展，培养他们的实践能力、创新精神和职业素养，为未来的职业发展打下坚实基础。同时，持续地优化与调整评价体系，确保其与社会需求和教育目标相一致，为学生劳动教育的改进和发展提供有效支持。

二、探索多元化评价方法

劳动教育作为培养学生综合素质和实践能力的重要环节，其评价方法对于有效指导学生的发展至关重要。然而，传统的评价方法往往偏重知识记忆和单一的考核方式，无法全面评价学生的实际能力和综合素质。为此，探索劳动教育多元化评价方法成为一个迫切的任务。本节将深入探讨多元化评价方法在劳动教育中的应用，分析其意义和优势，以及如何在实践中推动多元化评价落地。

（一）多元化评价方法的意义

引导全面发展：多元化评价方法能够更全面地评价学生的实践能力、创新思维、团队合作等多个维度，促进学生的全面发展。

提升学习动力：多元化评价方法能够激发学生的学习兴趣和动力，使他们更积极地参与劳动教育活动。

适应多样性：学生的兴趣、特长和发展方向各异，多元化评价方法能够更好地适应不同学生的需求。

反映实际能力：传统评价方法偏重理论知识，而多元化评价方法更注重学生的实际操作能力和综合素质。

（二）多元化评价方法的种类

项目实践评价：设立劳动教育项目，学生参与实际操作和项目管理，评价实际项目的成果和效果。

报告和展示评价：要求学生撰写报告或展示项目成果，展示实际操作过程和创新成果。

同行评价：学生互相评价合作过程中的表现，促进团队合作和自我认知。

实践能力考核：设计实际操作考核任务，考查学生在实际劳动中的操作技能和问题解决能力。

自我评价和反思：要求学生进行自我评价和反思，思考在劳动教育中的成长和不足。

（三）多元化评价方法的优势

贴近实际：多元化评价方法更贴近实际工作环境，能够更准确地反映学生在实际劳动中的表现。

促进主动学习：多元化评价方法鼓励学生主动参与实践和项目，提高他们的学习主动性。

培养创新思维：多元化评价方法注重创新成果和思维，能够培养学生的创新能力和创新精神。

强化团队合作：多元化评价方法促进学生团队合作，增强他们的协作和沟通能力。

（四）推动多元化评价方法落地

设定明确目标：在劳动教育中设定明确的综合素质目标，以指导评价方法的制定和应用。

教师培训和支持：教师需要具备多元化评价方法的教育理念和实施技能，需要相关培训和支持。

创建合适环境：创建能够支持多元化评价方法应用的教育环境，提供实践机会和资源。

学生参与和反馈：让学生参与评价方法的设计和优化，充分听取他们的反馈和建议。

（五）成功案例与启示

芬兰教育模式：芬兰注重学生的个性发展和实际能力，采用多元化评价方法，推动学生全面发展。

项目制教育：一些学校引入项目制教育，让学生参与实际项目，通过实际操作评价综合素质。

（六）面临的挑战与未来展望

评价标准不统一：多元化评价方法可能导致评价标准不统一，需要建立科学的评价体系。

教育体制变革：推动多元化评价方法需要改变传统的教育体制，需要教育机构、政府和社会的共同支持和努力。

评价工具和技术：多元化评价方法需要合适的评价工具和技术支持，确保评价的客观性和有效性。

多元化评价方法将成为劳动教育发展的重要趋势。通过引入多样的评价方法，更好地培养学生的实践能力、创新思维和团队合作精神，促进学生的全面发展。未来，需要不断完善多元化评价方法，解决面临的挑战，确保评价体系的科学性和有效性。同时，教育机构、教师和学生需要共同合作，推动多元化评价方法在劳动教育中的广泛应用，为培养具有综合素质的人才做出贡献。

劳动教育多元化评价方法的探索是推动教育改革和学生全面发展的关键一步。通过多元化的评价方式，可以更准确地反映学生在实际劳动中的能力和素质，培养他们的实践能力、创新精神和团队合作能力。尽管面临一些挑战，但通过教育机构、教师、学生以及社会的共同努力，多元化评价方法必将在劳动教育中发挥越来越重要的作用，为学生的未来发展提供更多的支持和引导。

第四节　适应未来职业发展需求

一、转型创新能力的培养

在快速变化和不断发展的社会环境下，培养学生具备转型和创新能力已经成为教育的重要任务。转型创新能力使个体能够适应变革、创造新的价值，并在不断变化的环境中实现个人和工作的成功。本节将深入探讨如何培养学生的转型创新能力，探讨其重要性、培养策略和实施方法。

（一）转型创新能力的重要性

适应变革：转型创新能力使个体能够主动适应社会、技术和经济的变革，保持对新事物的敏感性和积极态度。

创造新价值：转型创新能力使个体能够将不同领域的知识和想法进行融合，创造出新的价值和解决方案。

跨界合作：转型创新能力能够使个体具备跨领域合作的能力，与不同领域的人合作，实现创新和持续发展。

提升竞争力：在日益激烈的竞争环境中，具备转型创新能力的个体更具竞争力，能够在职业发展中脱颖而出。

（二）培养转型创新能力的策略

跨学科教育：引入跨学科的教育，使学生能够接触不同领域的知识和思维方式，培养跨界创新能力。

实践项目：开展实践项目，让学生能够在实际操作中进行创新和实践，培养解决问题的能力。

创新思维培养：引导学生培养创新思维，鼓励他们挑战传统观念，提出新的想法和解决方案。

问题驱动学习：将问题作为学习的驱动力，培养学生主动寻找问题、解决问题的能力。

（三）培养转型创新能力的实施方法

实际案例教学：通过实际案例，让学生了解不同领域的创新实践，激发他们的创新思维。

跨领域合作项目：安排学生参与跨领域的合作项目，使他们能够与来自不同领域的人共同创新。

创新创业活动：组织创新创业比赛、讲座等活动，激发学生的创新热情和创业意识。

基于问题的学习：设计基于实际问题的学习任务，引导学生自主探究和解决问题。

（四）成功案例与启示

Google 的 20% 时间：Google 鼓励员工利用 20% 的工作时间进行个人项目，激发员工的创新能力。

雅培的跨界合作：雅培通过与不同领域的人合作，创造出众多的创新产品和解决方案。

（五）面临的挑战与未来展望

传统教育模式的挑战：传统教育模式偏重知识传授，难以培养转型创新能力。

教师培训和支持：教师需要具备培养转型创新能力的教育理念和方法，需要相关培训和支持。

随着社会的不断变化，转型创新能力将越来越重要。教育机构应不断创新教育模式，培养学生的跨领域思维、实践能力和创新意识。同时，社会、企业和教育机构应共同合作，为学生提供更多的创新平台和机会，促进转型创新能力的全面发展。

培养转型创新能力是教育的重要任务，对于学生未来的职业发展和社会参与至关重要。通过跨学科教育、实践项目、创新思维培养等策略和方法，培养学生的创新能力、实践能力和团队合作能力。尽管面临挑战，但通过教育机构、教师和社会共同努力，转型创新能力的培养将会取得积极成果。为了确保学生具备适应未来发展的能力，需要在教育过程中重视转型创新能力的培养，引导学生充分发挥个人优势，拥抱变革，创造新价值，为个人和社会的进步做出贡献。

建议和措施：

教育模式创新：教育机构应当转变传统的教育模式，鼓励学生参与实际项目、问题驱动学习和创新创业活动。教育过程应更加注重培养学生的实际操作能力和解决问题的能力，而不仅仅是知识的传授。

跨学科融合：引入跨学科的教育，让学生能够接触不同领域的知识和思维方式。将不同领域的知识融合在一起，培养学生的跨界创新能力，使他们能够从多个维度思考问题。

实践项目设计：开展实践项目，让学生能够在实际操作中进行创新和实践。项目中需要注重学生的自主探索和解决问题的能力，培养他们的创新意识和实际操作能力。

创新思维培养：教育机构可以引入创新思维培训课程，教导学生如何挑战传统观念、寻找新的解决方案，培养他们的创新思维和创造力。

实际案例教学：利用实际案例教学，让学生了解不同领域的创新实践，激发他们的创新兴趣。通过案例的分析和讨论，培养学生的创新思维和解决问题的能力。

跨领域合作：安排学生参与跨领域的合作项目，让他们能够与来自不同领域的人共同创新。这有助于培养学生的合作和沟通能力，同时促进跨领域的创新。

鼓励风险与失败：培养转型创新能力需要学生具备勇于尝试、乐于接受失败的态度。教育机构应鼓励学生积极探索、不怕失败，从失败中吸取经验教训。

培养创新意识：在教育中培养学生对于创新的意识，使他们认识到创新是未来发展的核心驱动力，从而激发他们的创新热情。

转型创新能力的培养是教育的重要使命，需要教育机构、教师、家长和社会共同努力。通过跨学科教育、实践项目、创新思维培养等多种策略和方法，可以帮助学生培养适应变革、创造新价值的能力。未来，教育将持续面临新的挑战和机遇，培养转型创新能力的使命也将愈加重要，为学生的个人发展和社会的进步贡献力量。

二、培养适应多样职业选择的能力

随着社会的不断发展和变化，职业选择的多样性和灵活性越来越重要。在面对日益多元的职业机会和不断变化的就业环境时，培养学生适应多样职业选择的能力变得至关重要。本节将深入探讨如何培养学生适应多样职业选择的能力，分析其重要性、培养策略和实施方法。

（一）适应多样职业选择的重要性

就业市场变化：现代社会的就业市场不断变化，新兴行业不断涌现，传统职业模式被打破。学生需要具备适应这种变化的能力，才能在竞争激烈的就业市场中立于不败之地。

职业发展需求：不同阶段的生活和职业发展需求也在不断变化。培养学生适应多样职业选择的能力，能够使他们更好地满足自身发展的需求。

创业机会：现代社会鼓励创新创业，培养学生适应多样职业选择的能力，有助于他们抓住创业机会，实现个人创业梦想。

职业幸福感：学生能够根据个人兴趣和价值观进行职业选择，能够提高职业幸福感和满足感。

（二）培养适应多样职业选择的策略

自我认知和探索：学生需要充分了解自己的兴趣、优势和价值观，通过自我探索和反思，找到适合自己的职业路径。

跨学科素养：引入跨学科的教育，培养学生在不同领域的知识和技能，使他们能够更灵活地适应不同的职业机会。

职业规划和发展：教育机构应当提供职业规划和发展的指导，帮助学生制定长远的职业目标和计划。

创业教育：培养学生创新创业精神，使他们能够在职业选择时考虑创业的可能性，勇于追求创新机会。

（三）培养适应多样职业选择的实施方法

职业兴趣测试：引导学生进行职业兴趣测试，帮助他们了解自己的兴趣和倾向，从而更好地做出职业选择。

实习和实践：提供实习和实践机会，让学生亲身体验不同职业领域，帮助他们更好地了解职业特点和要求。

职业咨询和指导：提供专业的职业咨询和指导，帮助学生梳理职业目标，制订职业规划，做出明智的选择。

校企合作：与企业合作，提供实际的职业机会和岗位培训，帮助学生了解不同行业的实际情况。

（四）成功案例与启示

跨学科教育模式：一些教育机构引入跨学科的教育模式，培养学生具备不同领域的知识和技能，更灵活地适应不同职业。

（五）面临的挑战与未来展望

信息不对称：学生在职业选择时面临信息不对称的问题，需要更多的指导和支持。

个体差异：不同的学生有不同的兴趣、优势和价值观，需要个性化的培养策略。

培养适应多样职业选择的能力将在未来教育中扮演更重要的角色。随着社会的不断变化和发展，学生需要具备更灵活、多样的职业选择能力，以适应未来的职业发展。通过多种策略和方法，教育机构可以帮助学生培养自信、勇气和适应性，为他们的职业发展打下坚实的基础。

培养学生适应多样职业选择的能力是教育的重要任务，有助于学生在竞争激烈的就业市场中脱颖而出。通过自我认知、跨学科素养、职业规划和创业教育等策略，帮助学生更好地适应多样职业选择的挑战。为了实现这一目标，教育机构、教师和社会应当共同合作，为学生提供多样的职业发展支持和资源。

建议和措施：

提供多样化的职业指导：学校可以设立职业发展中心，为学生提供多样的职业指导和咨询服务，帮助他们制订职业规划，了解不同职业领域的特点和要求。

引导自我探索：学校应鼓励学生进行自我认知和探索，帮助他们了解自己的兴趣、优势、价值观等，为职业选择提供基础。

开展职业实习和实践：学校可以与企业合作，提供实际的职业实习和实践机会，让学生亲身体验不同职业领域，从而更好地了解职业特点和要求。

引入跨学科教育：引入跨学科的教育，培养学生在不同领域的知识和技能，使他们能够更灵活地把握不同的职业机会。

创业教育和创新思维培养：学校可以开设创业教育课程，培养学生的创业意识和创新思维，使他们能够在职业选择时考虑创业的可能性。

校企合作：学校可以与企业合作，提供实际的职业机会和岗位培训，让学生了解不同行业的实际情况，为职业选择做好准备。

建立校友网络：学校可以建立校友网络，让学生能够与已经进入职场的校友交流，了解不同职业领域的发展和挑战。

引导价值观培养：培养学生正确的职业价值观，让他们能够根据自身价值观和兴趣做出职业选择，增强职业满足感。

持续学习和进修：培养学生的持续学习意识，让他们能够不断提升自己的知识和技能，以适应职业发展的不断变化。

培养适应多样职业选择的能力是教育的重要使命。通过自我认知、跨学科素养、职业规划和创业教育等多种策略和方法，可以帮助学生更好地适应多样职业选择的挑战。未来，学生需要具备更灵活、多样的职业选择能力，以适应不断变化的就业环境。通过教育机构、教师和社会的共同努力，为学生的职业发展提供更多的支持和引导，使他们能够在职业道路上取得成功。

第十一章 未来发展与前景展望

第一节 劳动教育与人才培养创新

一、未来劳动市场对人才的需求

随着科技、经济和社会的不断发展，未来劳动市场的需求也将发生巨大变化。人才的需求将受到技术革命、人口结构变化、产业转型等因素的影响。了解未来劳动市场对人才的需求，对于个人职业规划和教育机构的课程设置都具有重要意义。

（一）技术驱动的需求

未来劳动市场的一个显著特点是技术的高速发展和广泛应用。人工智能、大数据、物联网等新兴技术将深刻改变各行业的运作方式，从而对人才提出了更高的要求。

数字化技能：数字化技能将成为基本素养，涵盖数据分析、网络安全、程序编写等，不仅要求技术人员掌握，也逐渐渗透到其他行业。

人工智能与机器学习：懂得如何应用人工智能和机器学习的人才，在自动化、智能制造、医疗诊断等领域将备受追捧。

跨界技能：融合不同领域知识的人才将越来越受欢迎，例如，理工科与艺术、商务与科技的结合。

（二）创新与创业的驱动

未来劳动市场对创新和创业能力的需求也将不断增加。创新是推动社会进步的重要引擎，创业则能够创造就业机会，促进经济增长。

创新思维：具备创新思维的人才能够不断适应市场的变化，找到新的解决方案，推动企业持续发展。

创业精神：培养创业精神，不仅能够成为创业者，还能在企业内部推动创新，提升竞争力。

项目管理：能够有效管理和推进创新项目的人才将受到青睐，这需要良好的团队合作和资源协调能力。

（三）绿色经济与可持续发展需求

随着环保意识的提升，绿色经济和可持续发展成为未来劳动市场的重要方向，相关领域的人才需求将不断增加。

环境保护专家：深刻了解环境政策和技术的人才，将在治理污染、减少碳排放等方面发挥重要作用。

可再生能源领域：风能、太阳能等可再生能源的开发与利用将需要大量的工程师、技术人员和管理人才。

循环经济专家：熟悉资源回收再利用的人才，在推动循环经济发展方面将具有重要作用。

（四）社会服务和人文关怀领域需求

随着人口老龄化和社会多元化的加剧，社会服务和人文关怀领域的人才需求也将持续增长。

医疗与健康护理：医疗技术人员、健康管理师等将在保障人们身体健康方面发挥关键作用。

教育与咨询：教育工作者、心理咨询师等能够提供个性化服务，满足多样化的需求。

社会工作：关心弱势群体、推动社会公平的社会工作者将持续需求。

（五）多样化的人才需求

未来劳动市场的需求将更加多样化，不仅需要具备特定技能的专业人才，也需要具备跨领域知识和综合素质的综合型人才。

跨文化交流能力：全球化趋势下，具备跨文化交流能力的人才在国际合作中将具有竞争优势。

解决复杂问题的能力：能够分析和解决复杂问题的人才将在各行业中受到欢迎，例如，系统工程师、政策分析师等。

人际关系与沟通技能：良好的人际关系和沟通能力将是各行各业人才成功的关键。

（六）教育的角色

教育机构在面对未来劳动市场需求时，需要进行相应的调整和改革。

跨学科课程：设计跨学科的课程，培养具备多领域知识的综合型人才。

技术培训：加强技术培训，确保学生具备适应未来技术发展的能力。

创新教育：强调创新教育，鼓励学生培养创新思维和创业精神，为未来的创新和创业环境做好准备。

可持续发展教育：引入环保和可持续发展的教育内容，培养学生的环保意识和可持续思维。

实践机会：提供丰富的实践机会，让学生在真实场景中锻炼技能、培养能力。

人文关怀培养：强调人文关怀和社会责任，培养学生在社会服务领域的能力和热情。

（七）个人职业规划与自我发展

面对未来劳动市场的多样化需求，个人职业规划和自我发展也显得尤为重要。

持续学习：未来的劳动市场将不断变化，持续学习和自我提升将帮助个人适应新的挑战。

多元技能：发展多领域的技能，培养综合素质，有助于在不同领域找到合适的职业机会。

适应能力：培养适应新环境和新技术的能力，保持灵活性和开放性。

网络与人际关系：建立广泛的社交网络，与不同领域的人保持联系，有利于职业发展。

自我意识：深入了解自己的兴趣、优势和价值观，有助于做出明智的职业选择。

（八）政策支持与社会合作

政府和社会各界也需要积极参与，为未来劳动市场的人才需求提供支持。

教育政策：政府应根据未来劳动市场的需求，调整教育政策，促进优质教育资源的分配。

技能培训：提供针对性的技能培训，帮助劳动者提升适应新技术和新环境的能力。

产业合作：各行各业的企业可以与教育机构合作，共同设计培训课程，确保培养出符合实际需求的人才。

创新支持：政府可以提供创新创业的政策支持，鼓励更多人才参与创新创业，推动经济发展。

未来劳动市场的需求将受到技术、创新、环保和社会服务等多方面因素的影响。个人和教育机构都需要积极适应这些变化，通过持续学习、多元技能培养和自我发展，为未来的职业发展做好准备。政府和社会也需要积极参与，提供政策支持和合作机会，促进人才与劳动市场的有机连接，共同创造繁荣发展的未来。

二、劳动教育与社会创新发展的关系

劳动教育作为一种培养学生实际动手能力、创新能力和团队合作精神的教育形式，在现代社会中扮演着重要的角色。而社会创新发展则是推动社会进步和提升竞争力的关键动力。本节将探讨劳动教育与社会创新发展之间的紧密关系，以及劳动教育在促进社会创新发展中的作用。

（一）劳动教育对创新能力的培养

实践机会：劳动教育为学生提供了丰富的实践机会，使他们能够在实际操作中积累经验，培养解决问题和创新的能力。

动手能力：劳动教育强调实际操作和动手能力的培养，这种能力在创新过程中至关重要，因为创新往往需要将想法付诸实践。

团队协作：劳动教育通常涉及团队合作，学生在团队中学会倾听、协调和合作，这对于创新项目中的团队合作至关重要。

劳动教育促进创新思维的培养：

问题解决能力：劳动教育中的实际操作让学生面对各种问题，培养了他们寻找解决方案的能力，这也是创新思维的核心。

灵活性和创造力：劳动教育培养了学生的灵活性和创造力，使他们能够从不同角度看待问题，提出创新性的解决方案。

失败与反思：在劳动实践中，学生可能会遇到失败，但这也是培养创新精神的机会。通过反思失败，他们可以找到改进的方法，不断优化自己的做法。

（二）劳动教育培养创新文化

实践导向：劳动教育强调实际操作和实践经验，这种实践导向的教育理念培养了学生在实际问题中进行创新的意识。

鼓励探索：劳动教育鼓励学生勇于尝试新方法、新思路，这种积极的探索精神是创新的基础。

错误容忍：劳动教育强调过程重于结果，允许学生在实践中犯错。这种容忍错误的环境有助于培养学生勇于创新的勇气。

劳动教育与社会创新发展的互动关系：

人才储备：劳动教育培养了一批具备实际动手能力、创新思维和团队合作精神的人才，为社会创新提供了强有力的人才储备。

创新教育模式：劳动教育的创新教育模式可以影响和启发其他教育领域，促进整个教育体系的创新发展。

创新产业支撑：劳动教育培养的创新人才能够支撑起创新产业的发展，推动社会创新经济的蓬勃发展。

（三）劳动教育在社会创新发展中的作用

跨学科知识融合：劳动教育涉及多种技能和知识，培养学生跨学科的能力，有助于在创新项目中将不同领域的知识融合起来。

解决实际问题：劳动教育使学生面对实际问题，培养了他们解决问题的能力，这种能力在创新发展中具有重要价值。

创新思维的养成：劳动教育培养了学生的创新思维，使他们能够更好地提出新的创意和解决方案。

社会责任感：劳动教育强调团队合作和社会责任感，培养学生在创新过程中考虑社会影响和可持续性的意识。

劳动教育与社会创新发展密切相关，劳动教育通过培养实际动手能力、创新思维和团队合作精神，为社会创新提供了坚实的基础。劳动教育不仅为个体学生的创新能力提升提供了支持，也为社会整体的创新文化和创新经济的发展做出了重要贡献。未来，劳动教育应继续与社会创新发展密切结合，不断创新教育方法，培养更多具备创新能力和实际动手能力的人才，推动社会创新发展的良性循环。

同时，社会也应当重视劳动教育的地位，为其提供足够的支持和资源。政府、教育机构、企业等各方应当加强合作，共同推动劳动教育的发展，营造积极的创新氛围，为学生提供更广阔的创新平台。此外，应当为劳动教育提供更多的实践机会和资源，推动学生在真实场景中进行实际操作，培养创新能力和实践经验。

最终，劳动教育与社会创新发展之间的关系是相互促进、相得益彰的。劳动教育通过培养实际动手能力、创新思维和团队协作精神，为社会提供了源源不断的创新人才。社会创新发展则为劳动教育提供了更广阔的应用领域和实践平台，使劳动教育的价值得以更好地展现。未来，劳动教育与社会创新发展之间的合作应当更加紧密，共同推动社会的持续进步和创新发展。

第二节 "双高"政策的持续演进与劳动教育

一、"双高"政策对劳动教育的影响与适应

"双高"政策是中国教育体制改革的重要举措之一。这一政策旨在推动高等教育和职业教育的深度融合，促进人才培养体系的优化和创新。然而，"双高"政策也对劳动教育产生了一系列影响，本节将就此展开探讨，分析其影响及劳动教育的适应策略。

（一）"双高"政策对劳动教育的影响

职业教育的重视："双高"政策强调高水平职业教育的发展，使得职业教育受到更多的关注。这可能导致一些学校将资源更多地倾向于高等教育，而相对削弱职业教育和劳动教育的发展。

人才培养模式的变革："双高"政策要求高等教育和职业教育融合，这可能导致传统的以高等教育为主导的人才培养模式发生变革。一些学校可能更加注重培养具备实际动手能力和创新能力的人才，从而影响劳动教育的地位。

教育内容和方法的调整："双高"政策要求教育内容和方法更加符合社会需求，更加注重实际应用能力的培养。这可能引导学校调整劳动教育的内容和教学方法，更加强调实际操作和创新。

就业观念的改变：高等教育和职业教育的融合可能改变学生的就业观念。一些学生可能更加倾向于选择高等教育路径，而忽视职业教育和劳动教育的价值，导致人才短缺。

（二）劳动教育的适应策略

融入创新创业教育：劳动教育可以与创新创业教育相结合，培养具备实际动手能力和创新能力的学生。学校可以开设创新创业实践课程，让学生在实际操作中锻炼创新能力。

拓展合作机会：学校可以积极与企业合作，提供实习和实训机会，让学生接触真实的工作环境，培养实际应用能力。同时，与企业合作还可以根据市场需求调整劳动教育的内容。

注重综合素质培养：劳动教育不仅要培养实际动手能力，还应注重综合素质的培养，包括团队协作、沟通能力、创新思维等，以适应现代职业环境的需求。

强调实际应用：劳动教育应强调实际应用能力的培养，让学生在实际操作中学会解决问题、创新思考，从而更好地适应未来职业发展。

提升社会认可度：学校和教育机构可以通过举办展览、比赛等活动，展示学生在劳动教育中的成果，提升社会对劳动教育的认可度和重视程度。

（三）"双高"政策与劳动教育的协同发展

整合资源：学校可以整合高等教育和职业教育的资源，创造更多合作机会，促进教育体系的优化和创新。

跨学科融合："双高"政策鼓励跨学科的融合，劳动教育可以与其他学科相结合，培养更全面的人才。

教育模式创新：学校可以探索新的教育模式，如项目制学习、实践导向教育等，更好地培养学生的实际应用能力和创新能力。

"双高"政策对劳动教育产生了一定的影响，但也为劳动教育带来了发展的机遇。学校和教育机构应当积极适应"双高"政策的要求，通过创新教育内容和方法，培养更多具备实际动手能力和创新能力的人才。同时，劳动教育应与其他教育领域相结合，实现更全面的人才培养目标。通过"双高"政策的整合，可以促进教育体系的协同发展，为社会提供更多有实际应用能力和创新能力的高素质人才。

在适应"双高"政策的过程中，学校和教育机构应当保持灵活性，根据社会需求和教育发展趋势不断调整劳动教育的内容和方法。同时，教育部门也需要加强对劳动教育的政策支持，为劳动教育提供更多的资源和机会，确保劳动教育在"双高"政策下能够持续发展。

总之，"双高"政策对劳动教育产生了深远的影响，但同时也为劳动教育提供了更多的发展机遇。通过将劳动教育与高等教育和职业教育相融合，培养更具有实际动手能力、创新能力和综合素质的人才，劳动教育可以更好地适应社会的变革和发展需求。在这个过程中，学校、教育机构、政府和社会各界都应当紧密合作，共同推动劳动教育的创新发展，为社会的进步和繁荣做出积极贡献。

二、劳动教育如何助力实现"双高"政策目标

"双高"政策旨在推动高等教育（Higher Education）和高水平职业教育（High-level Vocational Education）的融合发展，以培养更多高素质、实践能力强的人才，满足社会对各类人才的需求。劳动教育作为培养学生实际动手能力、创新能力和团队协作精神的教育形式，可以在实现"双高"政策目标的过程中发挥重要作用。本节将探讨劳动教育如何助力实现"双高"政策的目标。

（一）劳动教育促进实践能力的培养

实际操作经验：劳动教育注重学生实际动手操作，培养了他们在实际问题中解决问题的能力。这与"双高"政策目标中培养实际应用能力的要求相吻合。

动手能力培养：劳动教育强调实际操作，培养学生的动手能力。在实践中，学生可以锻炼手脑协调、技能运用等能力，为实现"双高"政策中的高水平职业教育目标打下基础。

团队合作：劳动教育通常以小组合作的形式进行，培养了学生团队合作和协调能力。这有助于实现"双高"政策中的协同育人目标。

（二）劳动教育培养创新能力和创业精神

创新思维培养：劳动教育注重解决问题的方法和创新思维的培养。培养创新思维有助于实现"双高"政策中培养创新人才的目标。

实践创业机会：劳动教育可以提供实践创业机会，让学生在实践中锻炼创业精神，培养创业的实践能力。

创新项目实践：学生在劳动教育中可以参与创新项目，从而培养在实际操作中进行创新的能力，与"双高"政策中的创新创业目标相契合。

（三）劳动教育促进综合素质的培养

综合素质培养：劳动教育不仅仅培养技能，还强调综合素质的培养，

如团队协作、沟通能力、责任感等，这与"双高"政策目标中培养全面发展人才的要求相符。

人际关系能力：劳动教育中的团队合作和合理分工培养了学生的人际关系能力，这对实现"双高"政策中协同育人的目标非常重要。

社会责任感：劳动教育强调的社会责任感培养，使学生能够更好地关心社会问题，为社会的创新和发展贡献力量。

（四）劳动教育促进职业发展规划

实践就业机会：劳动教育可以为学生提供实际的就业机会，让他们在实际操作中了解不同职业领域，有助于更好地规划职业发展路径。

职业技能培养：劳动教育培养学生实际应用技能，使他们能够更好地适应职业发展需求，与"双高"政策中培养职业技能人才的目标相符。

职业素养塑造：劳动教育注重职业素养的培养，如职业道德、职业责任感等，有助于学生更好地融入职业社会。

（五）劳动教育与"双高"政策的协同发展

融合课程设置：学校可以将劳动教育融入高等教育和职业教育的课程设置，实现不同教育层次的有机融合。

开设创新实践课程：学校可以开设创新实践课程，将劳动教育与创新创业教育相结合，培养创新人才。

产学研合作：学校可以与企业合作，开展创新项目，让学生在实际项目中锻炼实际操作和创新能力。

强化实习实训：学校可以加强实习实训机会，使学生在实际操作中培养实际应用能力和创新能力，为实现"双高"政策中培养高素质人才的目标提供更有力的支持。

跨学科融合：学校可以鼓励学生跨学科学习，将劳动教育与其他学科相结合，培养更全面的人才。

实践就业指导：学校可以为学生提供实践就业指导，帮助他们更好地规划职业发展路径，找到与所学专业和实际能力相匹配的就业机会。

创新教育模式：学校可以探索新的教育模式，如项目制学习、实践导向教育等，更好地培养学生的实际应用能力和创新能力。

（六）劳动教育助力实现"双高"政策目标的挑战与对策

资源分配不均：由于劳动教育在一些学校中的地位相对较低，可能导致资源分配不均。解决方法包括提升劳动教育的社会认可度,争取更多的资源支持。

教育模式创新困难:传统的教育模式可能难以满足"双高"政策中的要求。学校需要积极探索新的教育模式,将劳动教育与其他教育领域相结合,实现创新发展。

培养师资需求:劳动教育需要拥有丰富实践经验的教师,但目前师资队伍可能存在短缺。学校可以与企业合作,邀请实际从业者参与教育,提升师资队伍的素质。

社会认知度不高:一些人对劳动教育的认知仍然停留在传统的劳动技能培养层面,缺乏对其综合素质培养和创新能力培养的认识。学校和社会可以通过举办宣传活动、展览等方式,提升劳动教育的社会认知度。

劳动教育作为一种培养学生实际动手能力、创新能力和团队合作精神的教育形式,在实现"双高"政策目标中发挥着重要作用。通过促进实践能力、创新能力、综合素质的培养,劳动教育可以为培养高素质人才提供坚实的基础。为实现劳动教育与"双高"政策的协同发展,学校可以借助创新教育模式、跨学科融合、产学研合作等手段,将劳动教育与高等教育和职业教育相融合,培养更具有实际动手能力、创新能力和综合素质的人才。同时,克服劳动教育面临的挑战,提升其在教育体系中的地位和影响力,为实现国家的教育发展目标做出积极贡献。

第三节　人才培养体系的国际比较与借鉴

一、国外高等教育的劳动教育实践

国外高等教育在劳动教育方面积累了丰富的实践经验,将劳动教育融入教育体系,培养学生的实际动手能力、创新能力和综合素质。本节将探讨国外高等教育的劳动教育实践,从不同国家的经验中汲取启示,以及借鉴和应用这些实践经验提升国内高等教育的劳动教育水平。

(一)德国的"双元制"职业教育模式

德国以其独特的"双元制"职业教育模式而闻名。在这一模式中,学生在学校和企业之间交替学习,既获得理论知识,又在实际工作中培养实际动手能力。这种模式强调实践和理论的有机结合,为学生提供了更加贴近实际的培养机会。学生在企业实践中不仅学习技能,还了解职业道德、团队合作等方面的知识,为未来职业发展打下坚实基础。

(二)芬兰的强调实践和项目学习

芬兰的高等教育强调实践和项目学习。学生在课程中会参与各种实际项目,从解决实际问题到开展创新项目。这种实践导向的教育模式培养了学生的创新能力、问题解决能力和团队协作能力。学生在项目中自主探究,培养了独立思考和自主学习的能力,为未来职业发展提供了有力支持。

(三)美国的综合素质培养

美国的高等教育注重培养学生的综合素质,强调培养学生的创新能力、批判性思维和人际交往能力。在课程设置上,除专业课程外,还有广泛的选修课程,让学生能够从不同领域获取知识。此外,美国高校鼓励学生参与社会实践、志愿活动等,培养社会责任感和领导能力。

(四)加拿大的实习与合作项目

加拿大的高等教育非常重视实习和合作项目。许多课程都包含实习环节,让学生能够在实际工作中应用所学知识。学校与企业合作,为学生提供实习机会,培养他们在实际工作中的实际应用能力。这种与实际工作环境的密切联系,有助于学生更好地理解职业需求,提前适应职业发展。

(五)国内高等教育中借鉴的启示

实践导向:国外高等教育普遍注重实践导向,将理论与实际操作相结合。国内高等教育可以加强实践教学,培养学生的实际动手能力。

项目学习:芬兰的项目学习模式能够培养学生的创新能力和团队合作能力。国内高等教育可以引入项目学习,让学生在实际项目中锻炼能力。

社会责任感:美国的高等教育强调社会责任感的培养。国内高等教育可以通过社会实践、志愿活动等方式,培养学生的社会责任感和领导能力。

实习与合作:加拿大的实习与合作项目有助于学生更好地适应职业发展。国内高等教育可以与企业合作,提供实习机会,加强学生与实际职业环境的联系。

综合素质培养:国外高等教育强调综合素质的培养,培养学生的综合素质和领导能力。国内高等教育也应该注重培养学生的综合素质,使其能够更好地适应职业发展。

国外高等教育在劳动教育方面积累了丰富的实践经验，这些经验为国内高等教育的劳动教育提供了宝贵的借鉴。通过引入实践导向、项目学习、社会责任培养、实习合作等元素，国内高等教育可以提升劳动教育的水平，培养更具有实际动手能力、创新能力和综合素质的人才。在借鉴国外经验的同时，也需要结合国内的实际情况，进行适当的调整和创新，以满足中国社会的发展需求。

劳动教育不仅是为了培养学生的实际应用能力，更是培养他们的创新能力、社会责任感以及对职业发展的积极态度。在全球竞争日益激烈的背景下，培养具备综合素质和创新精神的人才对于国家的发展至关重要。国内高等教育应该积极吸收国外的优秀经验，通过不断创新教育模式和内容，为学生提供更全面、更实际、更具有竞争力的教育，助力实现国家的创新驱动发展战略，不断提升国家的综合实力。

在实践中，各国的高等教育体系和文化背景存在差异，因此并不是所有国外经验都能够直接套用到国内。在借鉴的过程中，需要综合考虑本土特点，积极创造适合国内实际的劳动教育模式。此外，高校、政府和企业等各方应当加强合作，共同推动劳动教育的发展，为学生提供更多的实践机会和资源，让劳动教育在国内高等教育体系中发挥更大的作用。

总之，国外高等教育的劳动教育实践为我们提供了宝贵的经验和启示。通过借鉴国外经验，结合国内实际情况，国内高等教育可以不断创新，提升劳动教育的质量和水平，培养更具有实际动手能力、创新能力和综合素质的高素质人才，为国家的发展和创新做出更大的贡献。

二、国际人才培养模式的经验与启示

在全球化的背景下，人才的需求越来越趋向于全面发展，不仅需要专业知识和技能，还需要实际动手能力、创新能力、团队协作精神等。国际人才劳动教育培养模式在这一背景下扮演了重要角色，为学生提供了更贴近实际、更富有创新精神的教育。本节将探讨国际人才劳动教育培养模式的经验与启示，以及如何借鉴这些模式来优化国内的人才培养。

（一）国内人才劳动教育模式的优化方向

实践导向：国内高等教育应更加注重实践导向的教育模式，将理论知识与实际操作相结合，培养学生的实际动手能力。

项目学习：引入项目学习，让学生在实际项目中锻炼创新能力和团队协作能力，培养他们的问题解决能力。

综合素质培养：在培养专业知识的同时，也要注重培养学生的综合素质，如领导能力、沟通能力等。

产学合作：加强与企业的合作，为学生提供更多的实习机会和实际工作经验，使他们更好地融入职业社会。

实践经验：增加社会实践、实习和志愿活动的机会，培养学生的社会责任感和实际应用能力。

（二）国际经验的借鉴与应用

借鉴模式：国际人才劳动教育模式的核心是实际操作、创新能力和综合素质培养。国内高等教育可以借鉴这些模式，根据国内情况进行适当调整。

结合本土：国内的社会文化背景和教育体系与国外存在差异，因此在借鉴国际经验时，需要结合本土特点，创造适合国内的培养模式。

促进产学合作：国际人才劳动教育模式中产学合作是一个重要的组成部分，可以借鉴国外的合作模式，与企业建立紧密的合作关系，提供实习、实践和项目机会，让学生能够在真实的职业环境中学习和实践。

推动创新教育：国际人才劳动教育模式强调创新能力的培养，国内高等教育可以积极推动创新教育，鼓励学生在实际项目中提出创新解决方案，培养其创新思维和实践能力。

培养综合素质：综合素质的培养是国际人才劳动教育模式的一个重要特点，国内高等教育应该注重培养学生的领导能力、沟通能力、团队协作能力等综合素质，使其更具综合竞争力。

强化实践经验：学生通过实际操作和实际经验能够更好地理解和掌握所学知识，国内高等教育可以增加实践机会，让学生能够在实际问题中学以致用。

（三）政策支持与社会合作

政策引导：国内政府可以出台相关政策，鼓励高校开展实践教育和产学合作，为高校提供支持和鼓励。

企业合作：高校应积极与企业合作，开展联合项目、创造实习机会等，提供学生实际工作经验。

社会资源整合：高校可以整合社会资源，与社会组织合作，为学生提供更多实践和创新的机会。

国际交流：国内高校可以积极开展国际交流，与国外高校和企业建立合作关系，借鉴国际经验，提升人才培养质量。

（四）教育模式的持续创新

教育科技融合：利用教育科技手段，创新教学模式，将线上线下结合，提供更丰富的学习资源和实践机会。

跨学科融合：引入跨学科的教学内容，培养学生的多元思维和创新能力。

创新教学方法：探索创新的教学方法，如问题导向学习、案例教学等，激发学生的学习兴趣和动力。

国际人才劳动教育培养模式为我们提供了丰富的经验和启示。通过借鉴国际经验，结合国内的实际情况，国内高等教育可以不断优化人才培养模式，培养更具实际动手能力、创新能力和综合素质的人才。政府、高校、企业和社会各界应共同努力，推动人才劳动教育培养模式的创新发展，为国家的发展提供更加有力的人才支撑。

第四节　未来劳动教育的发展趋势与方向

一、科技发展对劳动教育的影响

科技的迅速发展正在深刻地改变着各个领域，包括教育。劳动教育作为培养学生实际动手能力、创新能力和综合素质的重要组成部分，也在科技发展的影响下发生了深刻的变化。本节将探讨科技发展对劳动教育的影响，以及如何充分利用科技促进劳动教育的创新与提升。

（一）科技对劳动教育的影响

教学内容创新：科技为劳动教育提供了更多的教学资源和内容。通过虚拟实验室、模拟操作等，学生可以在虚拟环境中进行实际操作，培养实际动手能力。同时，科技也使得劳动教育内容更丰富，可以涵盖更广泛的领域，从传统的手工技能到现代的数字化技术。

教学方法创新：科技改变了教学方法，从传统的课堂教学向更加灵活多样的教学方式转变。在线教育平台、远程教学工具等使学习不再受时间和地域限制，学生可以根据自己的节奏进行学习，激发学习兴趣。

实践机会拓展：虚拟现实（VR）和增强现实（AR）技术为学生提供了更多的实践机会。学生可以在虚拟环境中进行模拟实验、操作，培养实际应用能力。同时，AR技术还可以将现实环境与数字信息结合，为学生提供更真实的实践体验。

跨学科融合：科技的发展使不同学科之间的融合更加便捷。劳动教育可以与科学、工程、艺术等领域相结合，培养学生的综合素质和创新能力。如，将编程与机械制作结合，培养学生的创新思维和动手能力。

自主学习支持：在线学习平台和教育应用程序为学生提供了自主学习的机会。学生可以根据自己的兴趣和需求选择学习内容，提升自主学习能力。这对于培养学生的自主探究能力和问题解决能力非常重要。

（二）充分利用科技促进劳动教育的创新与提升

引入虚拟实验和模拟操作：利用虚拟实验和模拟操作技术，可以让学生在虚拟环境中进行实际操作，降低实验成本和安全风险，提升学生的实际动手能力。

开设在线课程和教育平台：学校可以开设在线课程，为学生提供更灵活的学习机会。同时，建立教育平台，为学生提供丰富的教学资源和交流机会。

推广虚拟现实和增强现实应用：利用虚拟现实和增强现实技术，为学生提供更真实的实践体验，培养实际应用能力和创新能力。

鼓励学生参与在线项目：学生可以通过参与在线项目，锻炼团队协作能力和创新能力，同时获取实际项目经验。

培养数字化技术能力：随着数字化技术的发展，学生需要具备一定的数字化技能。学校可以开设相关课程，培养学生的数字化技术能力，使他们更好地适应现代职业需求。

加强学生实际操作：尽管科技提供了许多虚拟实践机会，但实际操作仍然是培养实际动手能力的重要途径。学校应确保学生能够在真实环境中进行实际操作，获得实际经验。

（三）面临的挑战与应对策略

技术不平衡：不同地区和学校的科技设施和资源水平存在差异，可能导致技术应用不平衡。政府和学校可以加大科技投入，提升技术设施水平，确保学生能够充分受益。

教师培训不足：教师需要掌握科技教学方法和工具的使用，但部分教师可能缺乏相关培训。学校可以开展教师培训，提升教师的科技教育能力。

虚拟实践与实际操作的平衡：虽然虚拟实践和模拟操作有助于培养实际动手能力，但实际操作的重要性不可忽视。学校需要在虚拟实践和实际操作之间找到平衡，确保学生既能够在虚拟环境中练习，也能够在实际环境中操作。

数字化技能的培养：虽然科技发展为数字化技能的培养提供了机会，但学生需要适应不断变化的技术。学校应注重培养学生的学习能力和适应能力，使他们能够不断更新和提升技能。

隐私和安全问题：在线教育和科技应用可能涉及隐私和安全问题。学校和教育机构需要确保学生的个人信息得到保护，采取相应的安全措施。

科技发展对劳动教育产生了深远的影响，为学生提供了更多的学习机会和实践体验。通过创新教学内容、教学方法和实践机会，学校可以培养更具有实际动手能力、创新能力和综合素质的人才。然而，科技发展也带来了一些挑战，需要学校、政府和社会共同努力解决。在充分利用科技优势的同时，应保持教育的人本主义精神，确保教育的目标始终是培养具有社会责任感和人文关怀的人才。只有科技与人文相结合，才能实现劳动教育的持续创新和提升。

二、跨学科、跨界合作的劳动教育模式

在当今社会，跨学科和跨界合作成为推动创新和发展的重要力量。劳动教育作为培养学生实际动手能力、创新能力和综合素质的关键环节，也需要积极融入跨学科和跨界合作的理念。本节将探讨跨学科、跨界合作的劳动教育模式，探讨其意义、特点、实施策略以及对未来教育发展的启示。

（一）意义与特点

跨学科、跨界合作的劳动教育模式强调不同学科和领域之间的交叉与融合。这种模式具有以下意义和特点：

综合素质培养：跨学科合作使学生能够从不同领域获取知识，培养多元思维和综合素质，从而更好地适应复杂多变的职业环境。

创新能力提升：跨学科合作鼓励学生涉足不同领域，激发创新思维。不同学科的交流与碰撞能够激发新的思想和解决方案，培养学生的创新能力。

实际应用能力强化：跨界合作使学生能够将所学知识应用于实际问题。学生参与实际项目、合作项目等，能够锻炼实际操作和问题解决能力。

培养团队协作能力：跨学科合作需要学生与不同背景的人合作，培养了他们的团队协作和沟通能力，提升了跨文化交流能力。

职业发展支持：跨学科合作使学生能够更好地理解不同行业的需求和趋势，为未来职业发展做出有针对性的规划。

（二）实施策略与方法

课程整合：学校可以设计跨学科课程，将不同学科的知识和技能有机结合，培养学生的综合素质和实际应用能力。

项目合作：引入项目合作，让学生在实际项目中涉足不同领域，锻炼创新能力和团队协作能力。

跨院系交流：学校可以促进不同院系之间的交流与合作，组织学术讲座、工作坊等，促进学科交叉与知识碰撞。

企业合作：与企业合作可以让学生更好地了解职业需求，培养实际应用能力。学校可以与企业合作开展实习、实训等项目。

国际交流：国际交流可以为学生提供更广阔的视野，培养跨文化交流和合作的能力。学校可以推动国际学术交流和合作项目。

（三）成功案例与启示

麻省理工学院（MIT）媒体实验室：MIT媒体实验室将计算机科学、艺术、设计等领域融合在一起，鼓励学生涉足不同领域，开展创新项目，培养多元思维和实际应用能力。

芬兰Aalto大学创新与创业项目：Aalto大学将不同学科的学生组成跨学科团队，共同解决实际问题。学生通过与不同背景的同学合作，锻炼了团队协作和创新能力。

英国剑桥大学跨学科研究中心：剑桥大学设立了跨学科研究中心，鼓励不同学科的研究人员合作开展研究。这种跨学科合作有助于促进创新和科研成果的应用。

（四）未来发展与展望

跨学科、跨界合作的劳动教育模式在未来将继续发展壮大。随着科技的进一步发展，人才需求的多样性和综合素质的重要性将不断增加，跨学科合作将成为培养具有综合素质的创新人才的重要途径。以下是未来发展

第十一章 未来发展与前景展望

与展望：

跨学科教育的普及：随着跨学科教育的受益逐渐显现，越来越多的学校将采用跨学科的教育模式。学校将更加注重将不同学科的知识融合在一起，培养综合素质的学生。

行业界限的打破：跨界合作将会逐渐打破传统的行业界限。学生将更多地参与到不同行业的合作项目中，这有助于培养更具广阔视野的人才。

创新与研究的融合：跨学科合作将促进创新和研究的融合。学术研究不再局限于学科的边界，而是更加注重解决实际问题，推动创新和科研成果的应用。

国际合作的加强：跨学科合作将有助于国际间的学术交流和合作。学生将更多地参与国际项目，培养跨文化交流和合作的能力。

人才培养的质量提升：跨学科合作能够更好地培养学生的综合素质和实际应用能力，使其更好地适应职业发展和社会需求。

（五）面临的挑战与应对策略

课程设计的挑战：跨学科课程设计需要充分考虑不同学科之间的关联和融合，避免信息的重叠和重复。学校可以设立跨学科课程设计团队，共同制定课程内容。

师资队伍建设：跨学科教育需要师资队伍具备跨学科的背景和知识。学校可以提供师资培训，鼓励教师涉足不同领域，促进师资队伍的多元化。

学科间的沟通和协调：跨学科合作需要不同学科之间的紧密合作和沟通。学校可以设立学科交流平台，促进不同学科的交流与合作。

评价体系的建立：传统的学科评价体系可能难以适应跨学科合作的需求。学校可以探索建立更加适合跨学科合作的综合评价体系。

跨学科、跨界合作的劳动教育模式是未来教育发展的重要方向。通过融合不同学科和领域的知识，培养学生的综合素质、实际应用能力和创新能力，使其更好地适应快速变化的社会和职业需求。学校、政府和社会应共同努力，促进跨学科合作的发展，为人才培养提供更加丰富多样的途径和机会。只有不断探索和创新，才能在跨学科合作中实现更好的教育效果和社会价值。

三、创新创业教育与劳动教育的融合

在当今快速变化的社会背景下，创新和创业已经成为推动经济发展和社会进步的重要引擎。与此同时，劳动教育作为培养学生实际操作能力和综合素质的重要组成部分，也在不断发展和创新。本节将探讨创新创业教育与劳动教育的融合，分析其意义、特点、实施策略以及对学生综合能力培养的影响。

（一）意义与特点

创新创业教育与劳动教育的融合将带来以下重要意义和特点：

培养实际应用能力：劳动教育强调实际操作能力，而创新创业教育注重解决实际问题，二者融合可以培养学生将理论知识应用于实际问题的能力。

促进创新思维：创新创业教育鼓励学生跳出传统框架思考，而劳动教育培养实际动手能力，二者结合能够培养学生创新思维和实际操作能力的结合。

实践创业机会：融合后的教育模式可以为学生提供更多实践创业的机会。学生可以将创意付诸实践，从而更好地理解创业过程。

培养综合素质：融合模式既强调学术知识，也注重实际技能，可以培养学生的综合素质，使其更具职业竞争力。

（二）实施策略与方法

创新创业项目：学校可以开设创新创业项目，鼓励学生从实际问题中寻找创新解决方案，并将其付诸实践。

实际操作与商业化：劳动教育中的实际操作可以结合商业化思维，让学生了解产品的制作过程和商业化的流程。

创新创业课程：引入创新创业课程，让学生学习创新的理论和实践，同时将其应用于劳动实践。

行业合作与实习：学校可以与企业合作，为学生提供实践创业的机会，让他们在实际行业中体验创新和创业过程。

创客空间与实验室：学校可以设立创客空间和实验室，为学生提供创新创业的实际操作平台，培养他们的实际能力。

（三）影响与启示

综合能力的提升：创新创业教育与劳动教育的融合可以全面培养学生的实际操作能力、创新思维和综合素质，使其更具综合能力。

创业意识的培养：融合教育模式有助于培养学生的创业意识，让他们在实际操作中了解创业过程和挑战。

就业竞争力的提升：学生通过融合教育模式培养更全面的能力，增强其在就业市场中的竞争力。雇主越来越重视员工的实际操作能力和创新能力，具备创新创业教育和劳动教育背景的学生在就业市场中将更具吸引力。

创新创业的实际应用：创新创业教育与劳动教育的融合将使学生能够将创新创业理念应用于实际劳动实践，促进创意从概念到实际操作的转化。

社会问题的解决：通过融合模式，学生可以更好地理解社会问题并提供创新解决方案。这有助于他们成为具有社会责任感的创新者。

（四）挑战与应对策略

课程设计难度：将创新创业教育与劳动教育融合需要精心设计教学内容和方法。学校可以设立专门的课程设计团队，结合两个领域的特点进行合理设计。

师资队伍建设：融合教育需要教师具备跨学科知识和实际操作经验。学校可以加强师资培训，提升教师的综合素质。

评价体系建设：传统的评价体系可能难以适应融合教育的需求。学校可以探索建立综合评价体系，综合考量学生的实际操作能力和创新能力。

实践机会不足：融合模式需要学生参与实际项目和创业实践，但实践机会可能受到限制。学校可以与企业合作，提供更多实践机会。

（五）未来发展与展望

随着社会的不断变化和发展，创新和创业将持续成为经济增长和社会进步的重要推动力。创新创业教育与劳动教育的融合将在未来继续发展壮大，为学生提供更加综合的培养机会。以下是未来发展与展望：

更灵活的课程设计：学校将进一步创新课程设计，将创新创业教育与劳动教育更有机地融合，满足学生综合能力培养的需求。

跨学科合作：学校可以促进不同学科之间的合作，实现创新创业教育与劳动教育的跨学科融合，培养更全面的人才。

社会资源整合：学校可以与企业、创业孵化器等合作，为学生提供更多的创新创业实践机会，培养创新创业能力。

国际交流与合作：创新创业教育与劳动教育的融合可以借鉴国际经验，学校可以加强国际交流与合作，推动融合模式的发展。

创新创业教育与劳动教育的融合为培养具有实际操作能力、创新思维和综合素质的人才提供了新的途径。通过实际操作与创新思维的结合，学生可以更好地理解创新创业过程，培养综合能力。学校、政府和社会应共同努力，推动融合模式的创新和发展，为培养适应未来社会需求的人才做出贡献。只有不断创新，才能在融合教育中实现更好的教育效果和社会价值。

参考文献

[1] 严怡，石定芳．新时代高校劳动教育指导[M].重庆：西南师范大学出版社，2022.

[2] 张其光．新时代高校劳动教育的回归与转型研究[M].北京：九州出版社，2021.

[3] 徐趁丽，石林，佘林芳．新时代大学生劳动教育教程[M].张金平．高校学术研究论著丛刊(人文社科).北京：中国书籍出版社，2021.

[4] 金志浩，李川，王良印．新时代高校劳动教育教程[M].北京：中国石化出版社，2022.

[5] 闫祖书．新时代高校劳动教育概论[M].北京：中国林业出版社，2022.

[6] 王文婷．高校劳动教育理论与实践研究[M].长春：吉林出版集团股份有限公司，2022.

[7] 严实，张嘉友，刘真豪，等．高校劳动教育育人模式构建的基本策略研究[M].成都：四川大学出版社，2023.

[8] 刘建锋，刘有为，李咸洁．高校劳动教育理论课教学模式路径创新研究[M].成都：西南交通大学出版社，2023.

[9] 秦建国，胡永远．高校劳动教育概论[M].上海：上海交通大学出版社，2022.

[10] 孔华．基于新农科建设的高校劳动教育创新研究[M].成都：西南交通大学出版社，2022.

[11] 张龙．高校劳动教育的课程建设 体系构建与创新发展[M].北京：化学工业出版社，2021.

[12] 劳赐铭，朱颖．新时代高校劳动教育实务[M].北京：中国人民大学出版社，2022.

[13] 杨小军．新时代高校劳动教育探究[M].北京:中国社会科学出版社，2022.

[14] 褚凤，易锦，刘悦丹．新时代高校劳动教育理论与实践教程[M].

上海：上海交通大学出版社，2022.

[15] 孙家学，耿艳丽，邵珠. 普通高等学校劳动教育课程教材 新时代高校劳动教育通论 [M]. 北京：高等教育出版社，2021.

[16] 吴娟，夏懿娜. 高校创新创业与劳动教育 [M]. 上海：上海交通大学出版社，2022.

[17] 蔡映辉，刘祥玲. 高校服务性劳动教育 理论与探索 [M]. 北京：科学出版社，2021.

[18] 肖杰，陈礼柱，黄伟. 普通高等教育"十四五"规划教材 涉农林高校教科基地劳动教育实践指导 [M]. 北京：中国农业大学出版社，2022.

[19] 王一涛，杨海华. 大学生劳动教育与实践 [M]. 苏州：苏州大学出版社，2021.